토우

글, 사진/이난영

대원사

이난영

서울대학교 문리과대학 사학과를 졸업하고 일본 동경 릿교(立教)대학과 미국 하와이대학에서 박물관학을 이수하였고, 단국대학교 대학원에서 문학박사 학위를 취득하였다. 국립중앙박물관 미술부장, 국립경주박물관장을 역임하였으며, 현재 부산동아대학교 고고미술사학과 교수로 재직중이다. 저서로는「박물관학입문」「신라의 토우」「조형예술」「한국의 동경」등이 있고, '한대 잡기상과 일부 신라 토우와의 관계'를 비롯한 여러 논문이 있다.

토우

토우

기마 인물형 토기 죽은 이가 사후 세계에서 안식하기를 빌며 말에 태워 보내는 뜻에서 부장한 것으로 추정되는 토기이다. 주인과 종자, 한 쌍이 출토되었는데 이 토기는 주인의 모습이다. 당시의 복식과 마구를 섬세하게 잘 표현하고 있다. 경주 금령총 출토. 신라시대. 높이 23.5센티미터. 국립중앙박물관 소장.

토우란 무엇인가

토우(土偶)란 글자 그대로 토제(土製)의 인형을 뜻한다. 그러나 넓은 의미에서는 사람의 형상뿐만 아니라 다른 여러 동물이나 생활 용구, 집 등 모든 것을 그 모습대로 본떠 나타낸 것을 일컫는다.

고대의 토우는 크게 나누어 장난감으로 만든 것과 주술용(呪術用)의 우상(偶像)으로 만든 것 그리고 무덤에 넣기 위한 것 등으로 구분할 수 있다. 또한 토우는 세계 어느 나라, 어느 민족, 어느 지역이나 다 같은 목적으로 만들어진 것이 아니어서 각기 성격을 달리한다. 만드는 재료도 흙뿐만 아니라 돌을 다듬어서 만들거나 동물의 뼈나 뿔을 쓰기도 하고 나무로 만들기도 하며 짚이나 풀로 만들기도 한다. 그러므로 지금까지 남아 있기가 어렵고 때로는 태우는 의식(儀式)을 치르는 경우도 있으므로 나무나 짚은 잘 남아 있지 않아 돌이나 토제, 기타 골각제(骨角製)만이 전하는 것으로 생각된다.

토우는 동양이나 서양 어디서나 모두 제작되었고, 제작 목적이나 용도도 대체로 비슷하다고 생각된다. 장난감으로의 토우는 딱 잘라서 말하기 어려우나 그리스, 로마의 테라코타는 장난감이거나 또는 애완용(愛玩用)으로 보는 견해가 지배적이다. 그러나 대체로 토우는 주술적으로 신(神)에 대한 희생의 대용으로 또는 기원(祈願)이나 숭배의 대상으로 쓰여진 경우가 많고 그 다음이 무덤에 넣기 위한 부장용으로 사용되었다고 본다.

주술적인 우상의 경우 유방이나 둔부(臀部)를 과장하여 표현한 여성상이나 잉태한 어머니의 모습을 나타냄으로써 풍요를 비는 대지(大地)의 모신 또는 여신으로 생각하여 기원 숭배의 대상이 되고 있다. 출산의 신비나 외경심(畏敬心)에서 출발한 그러한 예를 흔히 볼 수 있다. 선왕조시대 이집트(기원전 6000~기원전 3100년)나 메소포타미아(Mesopotamia)의 신석기시대 유적, 영국의 신석기시대 유적 등에서 이러한 예를 많이 볼 수가 있다. 대체로 거대한 남근(男根), 아니면 남근을 과대 과장한 남성상을 동시에 섬긴 곳도 있다.

트리폴리(Tripolye) 문화의 점토제 모신상(母神像), 동물, 가옥 등은 의식용으로 해석되며 에트루리아(Etruria, 기원전 509년) 문화에서 볼 수 있는 등신대(等身大)의 토우는 그 소박하고 강렬한 예술성으로도 널리 알려진 것들이다. 주술적인 것과 부장용의 경우를 확연히 구별하기는 어려우나 부장품 가운데에는 어떤 의식을 치른 뒤에 부장된 것으로 보이는 것도 있어서 주의해야 할 것이다.

중국에서는 앙소 문화 시대(仰韶文化時代) 이래 토우가 보이고 있으며 은대(殷代)에 와서는 토용(土俑)이라 불리우며 부장용으로의 성격을 뚜렷이 지니기 시작한다. 이러한 중국의 토용은 죽은 자에 대한 봉사자로서 무덤에서의 생활에 시중을 든다고 생각하여 무사(武士), 기예(技藝) 등 봉사하는 인물, 동물 이외에도 생활 용구가 많이 만들어져 부장되었다.

일본에서는 죠오몽(繩文) 시대 중기 이후 독립한 모습의 토우가 보이기 시작하여 초기에 보이는 것은 매우 간단한 형태에서 점차 네 발이 뚜렷해지고 동시에 형식화된 것으로 변하는 것을 알 수

있다. 이들은 다분히 주술적인 것으로 해석되는데 고의로 신체의
어느 부분을 잘라서 버린 상태가 보인다. 인간의 몸에 닥친 재앙
(災殃)이나 병을 토우에 전가(轉嫁)시킴으로써 주술을 나타낸 것으
로 보인다. 야요이(彌生) 시대에 들어오면 토우의 수가 줄어드는데
아마도 주술에 대한 생각이 변하였거나 또는 목제(木製) 등을 사용
하여 남아 있지 않을 가능성도 생각할 수가 있겠다.

고분(古墳) 시대에 들어오면 하니와(埴輪)라는 독특한 유물이
나타난다. 이것은 토제로 갖가지 인물이나 동물, 기물(器物) 등을
만들어 거대한 봉토분(封土墳)의 주변에 둘러놓은 것으로 뛰어난
예술성이 매우 주목된다.

우리나라는 신라의 토제 유물로 이른바 신라 토우가 있고, 고려시
대에는 그 예가 거의 알려져 있지 않으나 조선시대에 오면 백자로
만들어 무덤에 넣은 경우가 있다. 이들을 흔히 명기(明器)라 부르며
인물, 동물, 생활 용기 등이 만들어지고 있다. 여기서는 신라 중심의
토우를 주로 다루어 그 성격과 조형 등을 알아보고자 한다.

신라의 토제 유물 가운데에는 사람, 동물, 기구나 물건을 본뜬
특이한 형태의 유물이 적지 않게 알려져 왔다. 이들을 통틀어 토우
라고 불러 왔다. 그러나 이들은 크게 나누면 그 첫째가 지금까지
이형 토기(異形土器)라 부른 이른바 상형 토기(象形土器)와 둘째는
독립된 형태의 토용 그리고 셋째가 장식용의 작은 토우로 나눌 수
있다. 이들은 중국의 토용이나 일본의 하니와 등과 상통하는 성격을
지닌 것으로 상형 토기는 페르샤 지방의 상형 토기와 비슷한 형태를
지니고 있으며, 독립된 형태의 토용은 중국의 토용과 같은 성격의
유물이라 할 수 있다. 장식용 토우는 가까운 일본의 스에끼(須惠
器)에도 비슷한 형태가 보이고 있다. 지금까지 통칭되어 온 예에
따라 상형 토기, 토용 그리고 장식 토우(裝飾土偶)란 용어로 통일하
였다.

상형 토기

　일찍부터 이형 토기란 명칭으로 관심의 대상이 되었던 유물이다. 기물을 본뜬 것으로는 수레 모양(車形), 집모양(家形), 배모양(舟形), 신발 모양(履形) 등이 있고 동물을 본뜬 것 가운데에는 오리모양(鴨形), 말모양(馬形), 거북 모양(龜形) 등도 있다. 또 상상의 동물을 나타낸 것도 있다. 기물이나 동물과 함께 나타낸 인물은 주로 어떤 행동을 취하는 것으로 대부분 말을 타거나 배를 젓는 형태이다. 그 가운데 금령총(金鈴塚)에서 출토된 기마 인물 토기나 김해에서 출토되었다고 알려진 기마 인물 토기와 같이 인물상은 그 신분을 나타내는 것도 있는데, 금령총 출토의 두 인물은 주종(主從) 관계로 보인다. 또 김해 출토로 알려진 기마 인물상은 창을 들고 갑옷을 입은 것으로 보아 무사상임을 알 수 있다. 같은 금령총 출토의 배모양 토기는 나체의 인물이 배를 젓고 있어서 아마도 신분이 낮은 것을 뜻한다고 해석된다.

　상형 토기의 가장 대표적인 유물이 출토된 금령총은 1924년에 그 봉토는 거의 원형을 잃었으나 중심부는 완전하다는 사실이 밝혀져 본격적인 발굴 조사가 실시되었다. 묘실(墓室)은 길이가 4.2미터, 폭 3미터로 남아 있던 보관(寶冠)의 꼭대기에서 발끝까지가 1미터 정도의 작은 규모이고 보관, 팔찌, 반지, 요패(腰佩) 등이 작고 귀여운 것이어서 묻힌 사람(被葬者)은 어린이였으리라는 것이 일반적인 견해이다. 특히 허리 부위에서 예쁜 금제의 방울이 발견되어 금방울 무덤 곧 금령총이라 이름지어졌다.

이 고분에서는 남색 유리잔을 비롯하여 부장품실에서 많은 신라 토기가 출토되고 그 가운데 기마 인물 토기, 인물 주형 토기 등이 쌍으로 출토되었다. 금동제 합(金銅製盒), 마구(馬具), 등잔형(燈盞形) 토기도 반출되었다. 이들은 목관(木棺)을 놓고 그 머리 부분에 해당하는 위치의 윗부분에 부장품을 3층으로 포개고 천장을 목판으로 덮은 것이었다. 그런데 묘실 동벽의 위쪽에서 목긴항아리, 고배(高杯) 등과 함께 금제 태환식 귀걸이(金製太環耳飾), 옥제 목걸이 등이 아마 제사가 행해진 것처럼 묘실이 덮여진 뒤에 부장된 상태로 출토되었다. 이로써 관을 넣은 뒤 부장품실에 물품을 넣고 또한 봉토를 덮기 전에 행해진 장례 의식에 쓰였던 그릇들도 넣고 흙을 쌓아올렸다는 해석이 가능해진다.

결국 금령총 출토의 상형 토기들은 장례 의식에 쓰인 것으로 해석되며 각기 다음 세상에의 기원 곧 죽은 이의 사후 세계에 대한 안식을 빌며 말이나 배에 실어 보내는 의식을 치르는 데 사용한 뒤에 그것들을 부장했다고 할 수 있을 것이다. 등잔형 토기는 마치 무녕왕릉의 감실(龕室)에 불을 밝힌 의식이나 기원과 상통하는 것으로 보인다.

이들 상형 토기의 특징은 대체로 내부가 빈 형태를 하고 있어서 액체 같은 것을 담을 수 있다는 점이다. 이러한 중공(中空) 형태의 상형 토기는 페르샤 지방에서 두드러진 유물을 볼 수 있다. 또 이들 가운데에는 금령총에서 출토된 기마 인물상이나 이양선 수집품(국립경주박물관 소장)의 기마 인물 토기와 같이 정교한 예가 있는

기마 인물형 토기 나팔 모양의 대각(台脚)에 네모진 받침을 얹고 몸 전체를 갑옷으로 감싼 말 위에 역시 갑옷을 입은 인물이 앉아 있다. 이 인물의 등 뒤로는 각배가 쌍으로 높게 세워져 있다. 완벽하게 찰갑과 마구로 착장한 말과 인물을 빼어난 솜씨로 당시의 모습을 재현시켜 주고 있다. 전 김해 덕산리 출토. 가야시대. 높이 23.2센티미터. 이양선 수집품. 국립경주박물관 소장.

오리형 토기 물과 관계되는 어떤 의식용이나 저 세상에서의 양식용으로 제작된 것으로 추정된다. 삼국시대. 높이 11센티미터. 경북대학교 박물관 소장.

가 하면 계림로(鷄林路) 출토의 수레형 토기와 같이 매우 사실적인 예도 있다. 출토지가 분명하지 않으나 경상북도 달성 또는 현풍 일대에서 출토된 것으로 전하는 예 가운데서 수레형 토기, 집모양 토기, 동물형 토기 등은 그 모양이 다채롭고 독특한 솜씨로 뛰어난 것이 많다. 이 가운데 동물형 토기인 오리형 토기, 말모양 토기 등은 모두 대구에서 함안에 이르는 낙동강 유역이나 옛 가야 지방에서 출토된 것으로 알려지고 있어서 각기 그 발상으로 보는 견해도 있다. 따라서 이 동물형 토기는 가야 지방에서 발생하여 경주 지방으로 전파된 것이 아닌가 한다. 그 밖에 수레형 토기와 집모양 토기도 대체로 이 지역 출토라고 알려져 있으나 정확한 출토 경위나 출토 상태를 알지 못해 애석하다. 그러나 세련된 솜씨를 보여 주고 있으며 집모양 토기처럼 부장용의 명기임을 확연히 드러내는 경우도 있다.

이처럼 출토지가 분명한 유물들은 명기로서의 성격을 지니고 있어 부장하기 전에 일정한 장례 의식에서 어떤 역할을 담당하였다고 생각할 수 있다. 이러한 해석에 무리가 없다면 출토 상태나 출토지가 확실하지 않은 적잖은 양의 다른 유물들도 역시 각기 독특한 성격을 지니고 있었던 것으로 볼 수 있을 것이다.

금령총 출토품과 같이 금관, 귀걸이 등 화사하고 풍부한 유물과 함께 나온 예도 있는가 하면, 계림로의 작은 옹관(甕棺)이나 고분에서 출토된 경우도 있다. 그러나 대부분은 정확한 출토지나 출토 상태가 알려지지 않은 채 소개된 것이 많다. 그러므로 이들 대부분은 그 성격을 규명하기에 문제점을 안겨 주고 있으며 또한 분포지가 낙동강 유역이나 가야 지방 등으로 전해진 경우가 많아서 각기 그 발상을 생각케 한다. 이들을 크게 인물형, 동물형, 기물형으로 나누어 살펴보기로 한다.

인물형 토기

인물상이라고 하지만 단독으로 만들어진 독립 형태가 아니고 어떤 인물이 말을 타거나 배를 젓는 등 따로 동작이나 행위를 나타내는 모양을 갖추고 있다.

금령총에서 출토된 것은 유리 그릇, 금동제 그릇, 등잔 모양 토기, 목긴항아리, 태환 이식, 옥제 목걸이, 칼 등과 함께 기마 인물형 토기와 배를 젓는 인물 주형 토기가 묘실을 덮기 위해 부장한 것이 밝혀졌다. 따라서 봉토를 덮기 이전에 장례 의식을 치르고 그때 이들을 함께 묻었다고 해석된다.

말을 탄 두 인물은 복식이나 착장한 마구의 형태로 보아 주종 관계로 보인다. 주인공이라고 생각되는 인물은 가장자리에 전이

기마 인물형 토기 금령총에서 출토된 한 쌍의 말을 탄 인물형 토기 가운데 종자의
모습이다. 인물은 발목에서 여민 바지를 입고 어깨에는 기다랗고 굵은 자루 같은 것을
둘러메고 있으며 오른손에는 망치를 들고, 머리에는 넓은 띠를 감은 듯한 모자를
쓰고 있는데 정수리에 돌기가 있다. 말은 가슴 앞에 돌출된 주구가 있고 엉덩이 위에
잔이 놓이고 몸체 가운데가 비어 있다. 경주 금령총 출토. 신라시대. 높이 21.2센티미
터. 국립중앙박물관 소장.

붙어 있는 관을 쓰고 전에는 장식이 붙어 있으며 전의 앞뒤가 뾰족하게 솟아 있는데 끈으로 아래턱에서 여미고 있다. 정상에는 무슨 장식이 솟아 있었던 모양인데 지금은 흔적만 남아 있다. 왼쪽에는 칼을 차고 있으며 찰갑으로 하반신을 꾸미고 발은 등자에 얹혀 있다. 이에 비해 종자라고 해석되는 인물은 발목에서 여민 바지를 입고 어깨에는 기다랗고 굵은 푸대 같은 것을 둘러메고 있으며 오른손에는 망치를 들고 머리에는 넓은 띠를 감은 듯한 모자에 정수리에서 돌기가 나와 있다. 타고 있는 말의 마구도 많은 차이를 보인다. 가슴 앞으로 돌출한 주구(注口)가 있고 엉덩이 위에 잔이 놓이고 몸체는 가운데가 비어(中空) 있다.

배를 젓는 두 인물은 큼직한 코와 크게 찢어진 두 눈 그리고 유별나게 넓적한 귀를 가지고 있다. 크게 과장한 성기를 나타냄으로써 나체의 인물임을 말하고 있는데 이는 곧 말을 탄 인물보다 신분이 낮은 계급임을 뜻한다 할 수 있다. 혀를 빼물고 있는 입모양에서 힘든 일을 하고 있다는 것을 익살스럽게 표현하고 있다. 말은 고대 중국에서는 희생의 제물로 바치는 다섯 동물 가운데 하나였으며, 또 말이나 배가 고대인에게는 중요한 수송 수단의 하나였음을 상기할 때 무덤 속에 넣은 말이나 배가 죽은 이를 저 세상에 태워 보낸다는 뜻으로 해석할 수가 있겠다. 장례 의식에 쓰였다고 짐작되는 등잔형 토기가 부장된 것을 보면 공주 무령왕릉에서 등잔 용기가 출토된 예에 비추어 유사한 성격을 지녔다고 볼 수가 있을 것이다.

인물형 토기 가운데 말을 탄 인물은 이양선 수집품에 보이는 기마인물상을 빼놓을 수 없다. 나팔 모양의 대(臺)에 네모진 받침을 얹고 전신을 갑옷으로 감싼 말 위에 역시 갑옷을 입은 인물이 타고 앉아 오른손에는 긴 무기를, 왼손에는 방패를 들고 있다. 등 뒤로는 각배가 쌍으로 높다랗게 세워져 있다. 완벽하게 찰갑과 마구로 착장한 말과 인물을 빼어난 솜씨로 당시의 모습을 재현시켜 주고 있다.

동물형 토기

오리 모양 토기

동물형 토기에는 새나 오리 모양이 압도적으로 많은 편인데 달성, 창녕 등지에서의 출토례가 상당한 양에 이른다. 그 가운데 대표적인 것으로는 국립중앙박물관에 소장중인 것으로 창녕 지방 출토로 알려지고 있다. 4개의 투창이 네모지게 있는 그릇 받침을 발 대신으로 하여 오리가 올라앉은 유물 한 쌍은 꽁지 쪽에 구멍이 뚫리고 등 위에 원통형으로 솟은 구멍이 있어 몸 전체는 역시 중공 형태가 된다. 통통한 몸체에 약간 숙인 머리에는 오리의 독특한 부리가 섬세하게 표현되고 눈, 코가 잘 나타나고 있다. 살짝 치켜 올린 꼬리가 잘려서 구멍이 뚫려 있지만 뒤뚱뒤뚱 걷는 모습이 그대로 잘 연상된다. 따로 만들어 붙인 두 날개는 앙증맞을 정도로 귀엽고, 목에는 둥근 목걸이를 하고 있어 집에서 기르던 오리임이 잘 나타나고 있다.

이와 비슷한 형식의 오리형 토기가 호암미술관에 여러 점이 있으며 오구라(小倉) 수집품 가운데에는 머리를 뒤로 젖힌 모양도 보이고 받침을 아예 오리발 모양으로 만든 경우도 보인다.

투창이 이중으로 된 받침 위에 올려진 오리가 부산시립박물관, 이화여자대학교 박물관, 국립경주박물관 등에 소장되어 있는데 부산시립박물관 소장 오리는 목과 몸체에 영락이 매달려 있기도 하다. 또 원삼국 토기 가운데에는 받침이 원통형으로 내려오고 큼직한 벼슬을 가지고 있다.

새나 오리에 대해서는 여러 가지 해석이 가능하다. 특히 오리형 토기는 물과 관계되는 어떤 의식, 예컨대 기우(祈雨) 등의 행사에 관계되는 것으로 볼 수도 있으며, 최근 영일군 냉수리의 석실 고분에서 오리형 토기 파편이 보이고 있다. 아마도 고대에 식용(食用)

오리형 토기 4개의 투창이 네모지게 있는 그릇 받침 위에 오리가 올라앉은 모습이다. 꽁지 쪽에 구멍이 뚫리고 등 위에 원통형으로 솟은 구멍이 있으며 몸체는 비어있다. 통통한 몸, 약간 숙인 머리, 독특한 부리 등이 사실적인 오리의 모습을 잘 나타내고 있으며 목에 둥근 목걸이를 하고 있어 집에서 기르던 오리임을 알 수 있다. 전경상도 출토. 가야시대. 높이 16.5센티미터(오른쪽). 국립중앙박물관 소장.

오리형 토기 나팔형 대각 위에 속이 빈 형태의 오리 모양 토기가 올려져 있다. 몸통은 양옆 배부분이 매우 통통한 편이며 등에는 원통형으로 솟은 구멍이 부착되어 있다. 꼬리 부분은 끝이 약간 위로 치켜 올라가 있으며 둥글게 트여 있다. 전 경주 교동 출토. 원삼국시대. 높이 34.4센티미터. 이양선 수집품. 국립경주박물관 소장.

으로의 오리나 오리알 등의 존재를 검토해 볼 수 있을 것이다. 물오리, 물새 등은 강가의 주민에게는 좋은 식품원(食品源)이 되었을 것으로 짐작되어 인간과는 매우 친근한 동물이었을 것이다. 또 중국의 토용에서는 관풍조(觀風鳥)라 하여 무덤 속에 반드시 부장되는 새모양 토기가(「대한원릉비장경(大漢原陵秘葬經)」 '영락대전' 권지 8159에 따르면 토우를 배열할 때 묘당 바로 앞에는 관풍조라 하여 반드시 새모양의 토기를 부장한다고 하였다. 이 경우 새모양은 머리와 꼬리가 바짝 치켜 올라가고 따라서 등이 푹 파여져 있다) 있어 그러한 흐름으로의 해석도 할 수가 있다.

우리나라 고대 사회에서도 새에 대한 독특한 신앙이 있어서 사람이 죽으면 새가 그 영혼을 사후 세계로 인도하는 안내역을 한다고 믿고 있어 죽은 이의 가슴에 새의 깃을 얹어서 묻었다는 기록이 「삼국지위서(三國誌魏書)」 '동이전 변진조(東夷傳弁辰條)'에 전하고 있으며 일본에서도 죽은 이의 가슴에서 새의 뼈가 발견되거나 나무로 만든 새가 출토되고 있다.

말모양 토기

말을 탄 인물의 뛰어난 솜씨는 인물의 복식이나 자세말고도 착장하고 있는 마구의 형태를 통해 고분에서 출토된 마구들의 용도를 밝힐 수가 있다. 말모양 토기는 마구를 갖춘 말이 투창이 있는 받침 위에 놓이거나 네모진 받침대 위에 놓이는데 등 위가 뚫려서 중공의 형식이 되며 금령총 출토의 기마 인물상이나 이양선 수집품의 기마 인물상의 말에서 가장 화려한 모습을 볼 수가 있다. 국립중앙박물관 소장의 말모양 토기는 인물이 타고 있지 않으나 네모진 받침 위에 서 있는데 등 뒤는 원통형의 용기 모습이 표현되어 중공 형태가 되고, 호암미술관 소장품의 경우는 둥글고 투창이 있는 받침의 앞뒤로 네 발이 있고 등은 그냥 네모로 뚫려 있다. 이들은 대체로 흑갈색

마(馬)형 토기 네모진 받침 위에 마구가 착장된 말이 서 있는 모습이다. 말의 몸체는 비었으며 안장 위에 원통형 용기가 표현되었다. 토기 전체에 자연유가 두텁게 덮여 있다. 경북 현풍현 출토. 가야시대. 높이 12.6센티미터. 국립중앙박물관 소장.

의 자연유(自然釉)가 덮이거나 회색 계통의 토기로 금령총 출토 말보다는 세부 묘사가 뒤떨어지고 그 출토지 또한 확실하지 않은 것들이다.

그 밖에 신구형 토기(神龜形土器)로 알려진 예는 경주 황남동 고분에서 출토된 것인데 거북의 몸체에 머리, 꼬리 등이 복합된 상상의 동물로 표현되었다. 둥근 그릇 받침 위에 놓였는데 거북의 몸체에는 군데군데 영락(瓔珞)이 매달려 있다. 등 뒤쪽에 주입구(注入口)를, 앞쪽에는 기다랗게 주출구(注出口)를 만들어 역시 중공의 용기 형태이다.

집모양 토기　골장기(骨葬器)의 외함이다. 기왓골이 잘 나타난 팔작지붕에 벽 한쪽에는 정방형의 문이 있고 문짝을 끼는 문둔테 4개가 잘 남아 있다. 융기문으로 집 축대를 표현하고 벽면과 지붕의 합각에는 꽃무늬를 눌러 찍어 나타냈다. 전 경주 보문동 출토. 통일신라시대. 높이 43.4센티미터. 국립경주박물관 소장.

수레 모양(車形) 토기

대체로 받침대 위에 2개의 수레바퀴가 놓이고 그 바퀴 사이에 뿔잔이나 항아리가 쌍으로 마주하고 바닥이 이어져 중공 형태가 되는 것이다. 이러한 형식은 국립중앙박물관, 호암미술관 등에 있고 뿔잔의 안쪽에 고사리 무늬의 장식 돌기를 붙인 것은 일본의 오구라 콜렉션과 국내의 개인 소장품 가운데에도 보인다.

수레 모양 토기 받침대 위에 2개의 수레바퀴가 놓이고 그 바퀴 사이에 잔이 쌍으로 마주놓여 있다. 잔의 바닥이 이어져 있어 비어 있는 안이 연결된 형태이다. 전 경남 출토. 가야시대. 높이 16.7센티미터(오른쪽). 국립중앙박물관 소장.

수레 모양 토기 경주 계림로 25호 옹관묘 안에서 소형의 명기들과 함께 출토되었다. 살이 촘촘한 2개의 바퀴 사이에 적재함이 있고 그 적재함의 뒤와 양옆은 막혀 있으며 앞쪽은 트였고 그 가운데에 긴 이음대가 나와 있다. 아마도 이 끝에는 소나 말이 매여져 있었던 것 같다. 적재함의 바깥쪽에는 짐을 싣는 데 튼튼하도록 띠를 대고 못을 박아 장식하였다. 경주 계림로 출토. 신라시대. 높이 13센티미터. 국립경주박물관 소장.(위; 왼쪽)

상형 토기 29

경주 계림로의 25호 옹관묘에서 출토된 것은 살이 촘촘한 2개의 바퀴 사이에 적재함이 있고 그 적재함의 뒤와 양옆은 막혀 있으며 앞쪽은 트였는데 그 가운데에 긴 이음대가 나와 있다. 이 끝에는 소나 말이 매여져 있었던 것 같다.「양서(梁書)」'신라전'에는 소에게 수레를 끌게 하였다는 기사가 있는 것으로 보아 이 수레에도 원래 소가 있었을 것으로 짐작된다. 적재함의 바깥쪽에는 짐을 싣는 데 튼튼하도록 띠를 대고 못을 박았는데 현재 5줄로 장식되어 있다. 이 모양은 당시의 쓰임새를 짐작케 하는 것이다. 완형은 아니나 황성동 출토의 토용 가운데에는 따로 떨어져 나온 수레바퀴가 2점 있어서 역시 당시의 수레 모양을 짐작케 한다.

배모양(舟形) 토기

금령총 출토의 사람이 타고 있는 배모양 토기는 4각 투창이 있는 그릇 받침 위에 길게 배가 얹혀 있고, 선체 안의 한쪽에 노를 젓는 인물이 앉아서 뱃전을 가로질러 있는 막대기를 두 손으로 쥐고 있다. 배의 양쪽 끝은 살짝 치켜 올라가고 그 바깥쪽에는 아래로 둥근 고리에 심엽형 수식(心葉形垂飾)이 늘어져 있다.

또한 호암미술관 소장의 배모양 토기는 인물은 없이 독목주(獨木舟)라고 하는 통나무의 가운데를 파서 만든 배모양과 뱃전에 다른 판대기를 댔을 것 같은 형식의 두 가지가 전한다.

배나 수레는 수송 수단의 중요한 구실을 하는 것이므로 무덤에 들어 있는 배는 죽은 이를 저 세상에 태워 보낸다는 의미로 해석할 수가 있다.

일본에서는 배모양의 석관이 알려져 있고, 오사카(大阪)의 '메즈라시총(珍敷塚)'에는 배 위에 새가 앉아 있는 그림이 있어서 남방 천조선(天鳥船)의 개념이 작용했다고도 해석하고 있다.

이렇게 배가 하는 기능을 생각할 때 부장용으로 쓰이는 의미를 짐작할 수가 있을 것이다. 어쨌든 이러한 유물예로서 우리는 당시의 배 형태를 알아볼 수가 있을 것이며 그런 면에서 시대는 약간 다르지만 안압지에서 출토된 목제의 작은 작업선(作業船)도 좋은 자료가 될 것이다.

배모양 토기 4각 투창이 있는 그릇 받침 위에 길게 배가 얹혀 있다. 선체 안의 한쪽에 성기를 과장한 남자가 노를 젓는 모습인데, 뱃전을 가로지른 막대기를 두 손으로 쥐고 있다. 배의 양쪽 끝은 살짝 치켜 올라가고 그 바깥쪽에는 아래로 둥근 고리에 심엽형 수식이 늘어져 있다. 높이 15센티미터(오른쪽), 12.6센티미터(왼쪽). 신라시대. 경주 금령총 출토. 국립중앙박물관 소장.

신발 모양(履形) 토기

코끝이 살짝 치켜 올라가고 뒤쪽은 발을 꿸 때 잡을 수 있는 고리
까지 표현되고 있으며, 신발의 앞에는 구멍이 뚫려져 있어서 발등을
얽어맬 수 있도록 한 모양이 그대로 나타나 있다. 이것은 호암미술
관 소장품으로 진흙색 바탕에 일부 자연유가 덮여 있으며 가야 지방
출토품으로 추측되고 있다. 그 밖에 짚신 장식 형태의 받침이 둥근
그릇 받침으로 놓이고 그 짚신 속에 잔이 있는 모양의 토기가 국립
경주박물관에 소장되어 있다. 이들 토기와 함께 일본의 정창원에
보관중인 비단 신발을 통해 당시의 신발 형태를 짐작할 수 있다.

신발 모양 토기 진흙색 바탕에 자연유가 일부 덮여 있다. 출토지 미상. 가야시대. 길이
각 23.5센티미터. 호암미술관 소장.(위)
짚신 모양 토기 짚신 장식 형태의 받침이 둥근 그릇 받침으로 놓이고 짚신 속에 잔이
있는 모양의 토기이다. 신라시대. 높이 11.5~12.5센티미터. 국립경주박물관 소장.
(옆면)

말머리 모양 각배 뿔잔의 아래쪽에 말머리를 장식한 것으로 1쌍이 출토되었다. 부산 복천동 출토. 가야시대. 높이 12.1센티미터(오른쪽), 14.4센티미터(왼쪽). 동아대학교 박물관 소장.(위)
멧돼지 위의 각배 둥근 그릇 받침 위에 네모진 판을 대고 멧돼지를 얹고 그 등에 뿔잔을 받친 형태이다. 전 경상도 출토. 가야시대. 높이 24.6센티미터. 여조연 수집품. 국립경주박물관 소장.(옆면)

각배(角杯)

뿔모양의 잔과 그것을 받치는 잔대를 갖춘 경우도 있고 그 밖에도 둥근 그릇 받침 위에 네모진 판을 대고 멧돼지나 말 등을 얹고 그 등에 뿔잔을 받친 형태도 보인다. 그릇 받침은 간결한 원형이나 삼각형의 창이 뚫리고 2단으로 구성된 경우도 있다. 부산 복천동에서 정식 학술 조사에 의해 출토된 가야 토기에는 말머리 모양 각배 (馬頭角杯)도 한 쌍이 알려지고 있다. 이는 뿔잔의 아래쪽에 말머리를 장식한 것으로 간결하나 매우 사실적으로 표현되어 있다.

이런 형식의 각배는 실크로드를 통한 영향으로 해석된다. 원래 각배는 동물의 뿔에서 시작하여 골각재나 금속재로 만든 것이 보통인데 기원전 2000년경 이란의 아케메네스(Achaemenid)조의 것이 유명하다. 우리나라에서는 「삼국유사」 '탈해왕조(脫解王條)'에 심부름꾼이 먼저 물을 마셨다가 각배가 입에 붙어 떨어지지 않았다는 기사가 보이고 있어서 일찍부터 사용된 것으로 생각된다. 금속제로서는 금관총과 창녕 교동의 예가 알려진 것들이다.

이들 상형 토기들은 조형적인 면에서도 그 뛰어난 솜씨가 주목을 받아서 오리형 토기의 독특한 개성미, 작은 집모양 토기의 지붕 꼭대기에 살짝 올라앉은 귀여운 동물이 풍기는 친근감 등은 당시 신라인의 정조(情操)가 스며나오는 것들이다.

금동 각배 뚜껑 중앙에는 삼엽판에 둥근 고리가 달려 있고 끝은 원판형 목재를 끼운 뒤에 금동판을 덧씌웠다. 이런 형식의 각배는 실크로드를 통한 서역의 영향으로 만들어진 것으로 보인다. 경주 금관총 출토. 신라시대. 길이 28.6센티미터. 국립경주박물관 소장.

토용(土俑)

중국에서 일반적인 의미로 말하는 도용과 같은 의미이며 인물이나 동물을 본떴으나 가운데가 빈 중공의 기형이 아니라 독립된 형식의 모습들이다.

중국의 토용은 그 역사가 상당히 길어서 은주(殷周)시대부터 이미 그 예가 알려져 왔다. 부장용 명기의 일종으로서, 노예제(奴隷制)와 순장(殉葬) 제도가 성행하던 상주시대(商周時代, ? ~ 기원전 770년)에는 부장용 명기로 도제(陶製), 석제(石製), 옥제(玉製)의 남녀 인물용과 동물용이 출토되었다. 작고 수량도 많은 편은 아니나 족쇄를 낀 노예의 모습이나 무릎을 끓은 인물상 등 명기의 성격을 강하게 나타내고 있다.

춘추전국시대(春秋戰國時代, 기원전 770 ~ 기원전 221년)에는 노예제가 봉건제로 바뀌면서 순장하는 것을 비례(非禮)로 간주하게 되어 노예의 순장을 폐지하자 생산력이 증가되고 이로써 도용의 발달을 불러오기도 하였다.

진대(秦代, 기원전 221 ~ 기원전 207년)에 이르면 시황제(始皇帝)의 능 전방에서 나온 방대한 양의 병마용(兵馬俑)이 말해 주듯

무사와 말의 군단 진시
황릉 출토. 기원전 3세
기. 중국 섬서성 임동현
여산.(위)
시녀와 노비상 중국
하남성 안양시 장성묘
출토. 수시대. 높이 21
~24센티미터. 하남성
박물관 소장.(오른쪽)

사실감 넘치는 등신대의 사람, 말 등을 흙으로 만들어 부장하였다. 이들은 신체 각부분과 발판을 따로 대강 만들어 붙여서 뼈대를 구성하고 외모를 다듬어 수염, 눈, 입 등을 조각하고 틀에서 만들어 낸 귀, 코를 붙인 뒤 말려서 구운 다음 색채를 가하여(加彩) 완성하는 것이다. 진시황릉(秦始皇陵)의 병마용은 진나라의 군단을 표현한 것으로 해석되고 있다.

진대의 도용을 부장하는 습관과 후장제(厚葬制)에 따라 한대(漢代, 기원전 206년~기원후 220년)에도 도용이 크게 발달하여 인물, 동물, 건축물, 생활 용구 등 내용물이 다양하고 풍부해지며 감정이나 생활상을 실감나게 나타내고 있다. 토제, 금속제, 목제 등 소재도 풍부하여 초 장사(楚 長沙)의 한대 대후부인묘(漢代 軑侯夫人墓)에서 출토된 162점에 이르는 채색목용(彩色木俑)이 유명하다. 또 전한(前漢) 말기부터는 유약을 바른 도용이 출현한 것으로 알려지고 있다.

남북조시대(南北朝時代, 420~589년)에는 아시아 여러 나라와의 교류가 빈번해지면서 전통적인 한(漢) 문화에 많은 변화를 가져와 화북(華北) 지방에서는 녹유와 가채의 도용이, 화남(華南) 지방에서는 월주요(越州窯)를 중심으로 청자가 출현하고 그 밖에도 녹유, 갈유, 황유, 투명유 등이 나타나기도 한다. 북위(北魏)의 사마금룡묘(司馬金龍墓, 481년)에서 다수의 남녀 도용이 출토되었고, 육조(六朝)시대 후기가 되면 진묘수(鎭墓獸), 호인(胡人), 낙타 등의 모습이 보이기 시작한다. 공주 무녕왕릉에서 출토된 진묘수도 이러한 흐름에서 해석이 가능해진다.

수당시대(隋唐時代, 581~907년)가 되면 정교한 백의 가채(白衣加彩)와 삼채(三彩) 기법에 의한 도용을 꼽을 수가 있다. 수대의 도용은 백토로 성형 소성(成形燒成)하여 가채하거나 무색의 투명유를 쓴 것으로 장성묘(張盛墓, 594년 卒) 출토 유물로 대표된다. 또

토제 십이지상 경주
화곡리 출토. 통일신라
시대. 높이 13.6~14.1
센티미터. 국립경주박
물관 소장.(위)
석수 무녕왕릉 출토.
백제시대. 길이 47.3센
티미터. 국립공주박물관
소장.(왼쪽)

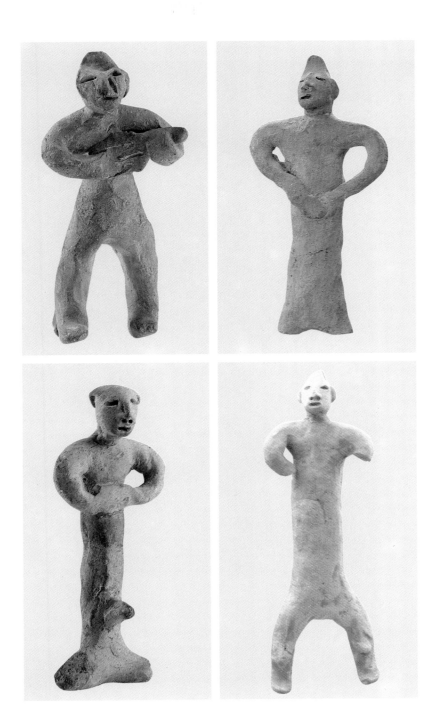

46 토용

남자상 백토 위에 채색
을 한 15명의 남자상들
이다. 홀(笏)을 쥔 문관
상, 두 팔을 공손히 모으
고 시립한 문관상, 태껸
자세의 병사상들로 당시
의 인물 모습이나 복식
연구에 귀중한 자료가
된다. 경주 용강동 석실
고분 출토. 통일신라시
대. 높이 14~20.5센티
미터. 국립경주박물관
소장.

48 토용

여자상 가채 흔적이 있는 13명의
여자상들이다. 위쪽 2명의 여인은
진골부터 4두품까지만 허용되던
숄을 어깨에 걸치고 있어 높은 지위
의 여인상으로 추정된다. 경주 용강
동 석실 고분 출토. 통일신라시대.
높이 11.7～14.7센티미터. 국립경주
박물관 소장.

    말탄 무사를 나타낸 기마상, 악기를 연주하거나 노래하는 주악상 등을 비롯하여 독특한 몸짓으로 감정을 나타내고 있는데 남자상, 여자상 가운데에는 원통형(圓筒形)의 하반신에 성기를 극명하게 표현한 경우가 눈에 띈다. 이것은 고대 주술 신앙의 하나인 성기 숭배 사상에서 연유한 것으로 풍요와 다산의 기원을 담은 것이라고 해석된다. 그러나 불행하게도 이들은 그 출토지나 출토 상태가 전혀 알려져 있지 않아서 그 성격을 파악하기가 매우 곤란한 형편이다. (일본인 諸鹿央雄의 수집품으로 그가 경주에 거주하면서 수집한 것이 국립경주박물관에 입수하게 된 것들이다). 이들은 상형 토기보다는 작고 장식용으로 쓰기에는 큰 것들인데 이러한 예는 전한(前漢)시대 제남(濟南)에서 출토된 악무 잡기용(樂舞雜技俑)과 비슷한 성격의 것이 아닐까 생각케 한다. 이 악무 잡기용은 길이 67.5센티미터의 납작한 흙판(土板)에 주악상과 잡기상 그리고 관객(觀客)을 배열한 것이다.

절하는 인물 머리 모양, 큰 엉덩이 등으로 미루어 보아 여인상으로 생각된다. 전 경주 지역 출토. 신라시대. 길이 9.4센티미터. 국립중앙박물관 소장.

무릎 꿇은 인물 전 경주 지역 출토. 신라시대.
현재 높이 9.2센티미터. 국립중앙박물관 소
장.(왼쪽)

악무 잡기용 납작한 흙판에 주악상과 잡기상,
이를 관람하는 관객을 배열하였다. 중국 제남
시 무형산 출토. 전한시대. 판 길이 67.5센티
미터. 산동성 제남시 박물관 소장.(아래)

근래에 와서 경주 시내의 몇몇 유적에서 출토례가 보이기 시작하였다. 경주 장산(獐山)의 훼손된 한 석실 고분을 1968년 국립경주박물관에서 발굴 조사하였는데 석실의 네 구석에서 토우가 출토되어 토우총이라 이름짓고 출토 유물은 국립경주박물관에 소장된 것이 있다.

무열왕릉 남쪽의 장산 남기슭에 있는 이 고분은 남벽의 중앙에 연도(羨道)가 있는 석실 고분이다. 사방의 석측벽은 크고 작은 할석으로 축조하여 서벽은 바닥에서 1미터 가량 올라가 다시 안쪽으로 좁혀 천장을 큰 돌로 막았다. 연도와 현실 사이는 화강석의 문이 여닫게 되어 있으며 현실에는 3개의 시상(屍床)이 있었다. 그 하나에는 유해 2구가 나란히 안치되고 회침(灰枕)이 있었으며 다른 2개의 시상은 각기 유해 1구씩이 놓였다. 모두가 회족좌(灰足座)도 갖추었으며 뚜껑이 있는 토기 대접과 함께 석실의 네 모퉁이에서 토우가 발견되어 토우의 출토 상태를 알 수 있는 중요한 단서를 제공하였다.

이 고분은 토우총이라 명명되었는데 그 고분에서 출토된 토용과 함께 나온 토기는 시대적인 문제와 출토 상태를 알려 주는 예로서 매우 중요한 의의를 지닌다 하겠다. 그러나 토용 자체는 통째로 빚어서 형태를 만든 것으로 조형적인 면에서는 그다지 뛰어난 기법을 구사한 것으로 볼 수가 없으며 유존 상태도 매우 좋지 않은 것들이다. 그러나 함께 출토된 토기는 안압지나 충효동 고분의 토기와 비슷한 성격을 띤 것으로 통일신라 초기의 토기를 규명하는 데 중요한 자료로 평가되고 있다.

최근에 경주 시내 용강동(龍江洞)과 황성동(隍城洞) 등지의 통일신라시대 석실분에서 토용이 출토되었다. 이 용강동 고분은 마을에서 개무덤이라 하여 몹시 훼손되어 있어 1986년 문화재연구소가 발굴 조사를 실시하였다. 사방 2.6미터, 높이 3.0미터의 석실과 길이

인물상 이 상들이 출토되어 고분의 이름이 토우총이라 지어졌다. 경주 토우총 출토. 통일신라시대. 15.8센티미터(오른쪽). 국립경주박물관 소장.

1.5미터, 폭 1.0미터, 높이 1.2미터의 연도가 밝혀졌다. 석실의 외형은 이중의 호석으로 둘러싸고 단시상(單屍床) 형식이나 크기로 보아 합장도 가능한 것으로 알려졌다. 바로 그 시상 밖에서 토기, 토용(인물상과 동물상) 그리고 청동제 십이지상이 출토되었다. 인물상 가운데에는 문관상, 병사상 등이 시립하거나 태껸의 자세를 취하고 있으며 대부분이 복두라고 하는 머리 모양을 하고 있다. 여인상은 두 손을 가슴에서 여미고 시립한 자세이며, 머리를 동그랗고 높게 틀어올린 형식(高髻)이다. 이들 토용은 가채의 흔적이 남아 있는데 당시의 인물상, 복식 연구 등에 귀중한 자료를 제공하였다.

황성동 고분은 마을에서 말무덤이라 전해 오던 분구묘(墳丘墓)

가 아파트 건립을 위해 대지를 조성하는 과정에서 깎이면서 유구 (遺構)가 노출되어 국립경주박물관에서 수습 발굴을 실시하였다. 유구는 거의 남아 있지 않았으나 바닥 지름이 14미터에 이르는 석실분으로 밝혀졌다. 남북으로 긴 장방형 현실 남쪽에 동쪽으로 치우쳐서 짧은 연도가 이어져 ㄱ자형으로 되는 석실이며 시상은 서벽에 남북 방향으로 붙은 단일 시상 형식이다. 석실벽과 호석이 놓이는 자리에는 냇돌을 깔아 기초를 다졌음이 확인되었다.

출토 유물로는 인물용, 동물용, 수레바퀴말고도 석침, 족좌 등이 출토되었는데 인물상 가운데 한 손에 병을 들고 다른 한 손으로는 입을 살짝 가리고 있는 여인의 모습을 비롯하여 복두를 단정히 쓴 남자상이나, 뾰족한 호모(胡帽)를 쓴 서역인의 모습도 보인다. 이들 남녀상의 얼굴 모습이나 의복, 관모 등에서 당시의 복식, 수레바퀴나 여인이 들고 있는 병 그리고 동물이 착장한 장식구 등에서 생활상을 짐작할 수 있다. 이 고분은 평지에서 확인된 석실 고분으로서 용강 동 고분과 입지(立地)나 출토 유물의 성격이 비슷하여 중요한 연구 자료로 평가된다.

어쨌든 이들 용강동과 황성동의 고분에서 출토된 토용은 인물 상, 의복, 관모(冠帽) 등에서 신라인의 모습을 짐작할 수 있게 하였 으며 특히 서역인의 모습은 실크로드를 통한 동서 문화의 문물뿐만 아니라 인간의 교류도 잘 대변해 주고 있다. 수레바퀴나 여인상의 손에 들고 있는 병 등에서 생활상도 짐작할 수 있으며 당시 조형 예술의 수준도 말해 주는 자료가 제공된 셈이다. 그러나 출토 당시 이미 지게차로 심하게 훼손된 뒤였으므로 부장된 상태를 알 수 없어 애석한 일이다.

1988년 2월에는 월성군 내남면 화곡리에서 석함 속에 골호를 넣고 석함 밖으로 토제의 십이지상을 둘러싸서 매장한 화장묘가 발견되었다. 이 지역은 표고 50미터의 나지막한 야산인데 남쪽으로

경주 황성동 석실 고분 출토 일괄 유물 한 손에 병을 들고 다른 한 손으로는 입을 살짝 가리고 있는 아름다운 여인상, 복두를 쓰고 시립한 남자상, 뾰족한 모자를 쓴 서역인상, 수레바퀴, 암소 고삐를 잡았을 것으로 추정되는 영감님 얼굴 등이다. 통일 신라시대. 여인상 높이 16.5센티미터. 국립경주박물관 소장.

약 30도 가량 경사진 언덕을 지게차로 깎아 정지하던 중 현 지표
아래 약 25센티미터 되는 석비례층에 저경 82센티미터의 둥근 구덩
이를 파고 석함을 안치하였다. 경주박물관에 신고되었을 때는 이미
유구의 윗면이 깎여 나간 상태여서 봉토나 지상의 시설물 여부는
알 수 없는 상태에서 수습 조사되었다. 작업 과정에서 없어진 남쪽
의 용, 뱀, 말을 제외한 나머지 9점만이 출토되었는데 수수인신상으
로 표현되었다. 오른쪽으로 향한 머리는 환조이나 몸체는 부조이며

남녀 인물상 남자상은 둥글게 상투를 틀고 눈, 코, 입이 뻥 뚫려 있다. 여자상은 맨머리이며 둘 다 눈썹은 선각으로 나타냈다. 하체에 구멍이 뚫려 있고 생식기가 표현되었다. 통일신라시대 말기. 남자 높이 18.5센티미터, 여자 높이 17.8센티미터. 국립중앙박물관 소장.(옆면, 위)

당나라풍의 평복 차림이다. 손은 감추고 발은 생략되었다.

이처럼 장골 용기의 주위에 십이지를 둔 예는 처음 있었던 일이다. 십이지상을 호석 둘레에 새기거나 봉토 바깥 둘레에 작은 납석 (蠟石)으로 십이지상을 만들어 묻은 예는 김유신 장군묘, 전(傳) 민애왕릉, 헌덕왕릉에서 발견된 적이 있다. 이 화곡리의 경우는 봉토의 바깥 둘레에 배치하거나 묻은 것과 같은 의미로 해석할 수 있으며, 화장묘의 석함 둘레에 배치하는 것은 처음 있는 일로 매우 중요한 자료라 할 수 있다. 이 화장묘의 연대는 전 민애왕릉에서 출토된 "元和十年"(815년)의 명문이 있는 골호와 비슷하고, 십이지상의 모습이나 제작 수법 등으로 미루어 9세기 초로 비정되고 있다.

장식 토우

    고배 뚜껑이나 항아리 어깨 부위 등에 장식으로 붙인 작은 토우들이다. 이들은 10센티미터를 넘지 않는 것들로서 간단한 손놀림이나 얼굴 표현으로 인간의 감정을 잘 나타낸 것이 많다. 인물, 동물을 주로 하고 있는데 황남동 고분군에서 출토된 것이 주목을 받으면서 알려진 유물이다. 곧 1926년에 미추왕릉 지구의 98호분, 현재 신라 쌍분이라고 명명된 고분의 바로 옆에서 작은 다곽묘군이 경주 구역(舊驛) 확장 공사를 위해 굴착하는 과정에서 발견되었다. 경주 구역의 열차 기관고(機關庫) 공사를 위해 임시 레일을 깔고 수십 차량분의 흙을 쌍분 옆에서 파서 나르는데, 그곳에서 많은 토기가 노출되었다.

    4미터 가까운 층에서 흙을 깎아내리는 중 작은 관곽(棺槨) 구조가 드러나면서 토기가 쏟아져 나왔다는 것이 당시 조사에 임했던 고이즈미(小泉顯夫) 씨의 회고담이다(참고로 첨가할 것은 이 지역에서 너무나 많은 토기가 나오므로 당초의 흙파기 작업을 중단하고 다른 지역을 찾아 흙을 파 냈는데 이때에 발굴된 것이 서봉총이라 한다). 대부분이 목긴항아리, 고배들이었다고 하는데 이들의 어깨나 뚜껑에

토우 장식 항아리 경주 미추왕릉 지구 계림로 30호분 출토. 신라시대. 높이 34센티미터. 국립경주박물관 소장. (위, 왼쪽)

토우 장식 항아리 지팡이를 든 남자가 다른 한 손으로 크게 과장된 성기를 잡고 서 있는 모습을 비롯하여 뱀, 개구리 등이 붙어 있다. 경주 노동동 11호분 출토. 신라시대. 높이 40.1센티미터. 국립경주박물관 소장.

작은 토우들이 장식으로 붙어 있었다고 알려져 왔다. 그러나 반출유물에 대한 보고도 전혀 없을 뿐만 아니라 작은 토우들은 따로 뜯어 낸 채 전하고 있어서 고고학적으로 매우 아쉬운 유물들이다.

다만 이때에 뜯겨져 따로 분리된 작은 장식용 토우들이 그 다양한 모양으로 인하여 주목을 받게 된 것이다. 크기는 10센티미터를 넘지 않는 것들이며 어떤 것은 2 내지 3센티미터밖에 되지 않는 아주 작은 것도 보인다. 이들 토우들은 그 소박한 솜씨가 흥미로운 것들이다. 인물과 동물이 주류를 이루고 있는데 원래의 상태가 분명하지 못해 아쉬운 것이었다. 다행히 경주 미추왕릉 지구의 고분에서 출토된 토우 장식 항아리와 동원(東垣) 수집품 가운데 토우 장식 고배가 있어서 그 모습을 짐작할 수 있게 되었다. 곧 동원 수집품의 경우는 사냥꾼이 개와 몰이꾼을 대동하고 짐승을 쫓는 사냥 장면이며 미추왕릉 지구 계림로 제16지구의 고분군 가운데 제30호분에서 출토된 높이 34센티미터, 구경 23센티미터 정도의 목긴항아리인데 어깨와 목 부위에 5센티미터 정도의 작은 토우들이 붙어 있다.

임신한 여인이 가야금을 뜯는 모습, 남녀의 성행위 장면, 개구리를 물고 있는 뱀, 새, 오리, 거북 등이 표현되고 있다. 또 노동동 고분군 제11호분에서 출토된 목긴항아리는 높이 40센티미터의 큼직한 것인데 지팡이를 든 남자가 다른 한 손으로 크게 과장된 성기를 잡고 서 있는 모습을 비롯하여 역시 뱀, 개구리 등이 붙어 있다. 구 덕수궁 미술관 소장의 쌍록(雙鹿) 장식 항아리는 앞에서 본 토우 장식 항아리보다는 훨씬 섬세하게 다듬어진 두 마리의 사슴이 나란히 어깨 부위에 붙어 있다. 아마도 따로 뜯어 낸 작은 토우들도 원래는 이러한 상태로 만들어진 것이 아닌가 한다. 현재 남아 있는 유물 가운데 고배의 뚜껑에 뱀, 개구리, 게, 물고기 등이 붙은 채 전하고 있어 원래의 상태를 짐작케 하는 좋은 자료가 된다.

이렇게 토우로 장식된 항아리나 고배 등은 인체의 과장된 표현이

토우 장식 고배 뚜껑 뱀이 도망가는 개구리를 물고 있는 형상의 토우를 사실적으로 표현하였다. 경주 월성로 고분군 출토. 신라시대. 높이 11센티미터. 입지름 19.7센티미터. 국립경주박물관 소장.

나 아주 사실적인 성행위의 장면 등에 비추어 풍요한 생산력을 빌거나 뱀, 개구리의 부착으로 벽사(辟邪)의 뜻을 담아 소중하게 보관하여야 할 씨앗(種子)의 저장 용기이거나 또는 제사용의 술을 담던 그릇이 아닐까 생각된다.

　일본 죠오몽(繩文) 시대의 장식 토기들은 외부에서 사람이 토기를 안고 있는 모양으로 장식하거나 뱀을 장식한 예들이 있다. 이들에 대하여 주조용 또는 보관용으로 해석하는 학자도 있으며 그 가운데 어떤 것은 입부분에 피막을 덮어 일종의 두드리는 악기로 썼을 것이라는 설도 있다. 또 만기(晩期)의 용기형 토우에서는 어린이 뼈가 담겨져 있는 경우도 있어 그 사용 범위가 여러 가지였던 것으로 생각할 수 있다.

　이들 토우들은 상당한 양에 이르는데 여기서 보이는 인물은 인체의 어느 부위를 과장해서 표현하거나 성행위 장면 등 사실적인 묘사

사슴 장식 항아리 뿔을 단 사슴 두 마리가 항아리 어깨 부분에 나란히 서 있다. 의식용
으로 쓰이는 항아리에 상서로운 짐승인 사슴을 장식한 것으로 생각된다. 가야시대.
높이 16.1센티미터. 국립중앙박물관 소장.

를 했다. 또한 관모, 의복의 표현 등이 유난히 간결하면서도 감정
표현이 풍부한 점이나 율동적인 육체의 표현 등에서 토우 예술의
단면이 넉넉하게 드러난다. 동물 가운데에는 말, 개, 돼지, 사슴,
토끼, 호랑이, 거북, 새, 오리, 닭, 개구리, 뱀과 갖가지 물고기가 보이
고 있다.

인물상

구석기시대 이래 유럽, 메소포타미아, 흑해 연안, 시베리아 등 세계 각지에서 육체의 어느 부위를 과장해서 표현한 여인상이 많이 만들어지고 있었다. 머리는 작게 하여 얼굴에는 눈이나 코, 입, 귀가 거의 생략되고 기형(畸形)으로 보일 만큼 빈약한 팔과 다리를 가지고 있으나 여성의 성적인 특징을 잘 과장해서 나타낸다. 임신한 여인의 성기만을 두드러지게 나타내는 여인상은 분명히 풍요 다산의 신앙과 관련된 것을 뜻한다.

신라의 토우 가운데 비슷한 여인상이 많이 있다. 아주 작은 토우인데도 유방이나 엉덩이를 과장하거나 아니면 임신한 상태를 나타내는 의미를 갖는다. 이러한 해석을 더욱 강렬하게 하는 것은 여인상이 남자상보다 크게 표현된 점이다. 이에 반해 일본의 하니와에 보이는 여인상은 무녀(巫女)와 같은 특수한 신분의 여인으로 해석되거나 어머니임을 강조하는 동작 곧 아이를 안거나, 업거나 무희 등 특수한 신분의 여인이 나타난다. 그러나 신라 토우의 여인상은 임신한 여인이나 성애(性愛) 장면을 나타낸 점에서 특이하다.

남자상은 훨씬 그 수도 많고 모습도 다양하다. 여인상과 마찬가지로 성기를 과장하여 노출시킨 것이 적지 않으나 그 밖에 두 눈이나 코, 입까지 갖춘 남자상이 많이 보인다. 머리를 다듬어 관모를 쓰거나 팔다리로 어떤 동작을 나타내 특정 자세를 취하기도 하고 가면을 쓰거나 다리를 꼬고 앉은 모습 등이 있다. 또 무사(武士)인 듯 큰 칼을 찬 남자가 투구까지 쓴 모습도 있고, 괭이를 어깨에 멘 농부, 노래하거나 악기를 다루는 남자상도 있다. 인간의 감정을 나타낸 예로는 기쁨에 넘치는 얼굴이 있는가 하면 금방이라도 눈물이 떨어질 듯 통곡하는 슬픈 얼굴, 여유있는 웃음이 담긴 얼굴 등 하나하나가 친근감이 넘치는 토우들이다.

여인상

비엔나의 자연과학박물관에는 높이 11센티미터의 석회석으로 된 여인상이 있다. 이른바 '빌렌돌프(Willendorf)의 비너스'상이다. 구석기시대 후기에 속하는 대표적인 여인상으로 풍만한 허리, 늘어 진 유방 등이 아마도 임신중인 듯한 모습이다. 이러한 예는 유럽, 메소포타미아, 흑해 연안, 시베리아 등지에서도 만들어지고 있다. 육체는 크게 과장되고 머리는 작으며 얼굴이나 눈, 귀 등은 거의 표현되지 않았다. 그 형상은 기형으로 작고 빈약한 팔다리를 가지고 있으며 때로는 여성의 성적 특징을 극도로 과장하여 나타내고 있 다. 곧 여성의 성적 특성 또는 생식에의 관심을 나타낸 것이 틀림없 으며 심한 경우에는 여성의 성기만을 나타낸 것도 있다. 잉태와 출산에 대한 신비와 외경심의 단면으로 해석된다.

농경 사회에 들어오면 이들은 풍요의 여신 또는 대지의 모신(母 神)으로서 그 성격이 뚜렷해지고 있음을 볼 수 있다. 따라서 생식이 나 풍요를 비는 갖가지 의식에는 반드시 여성이 주동이 되고 그러한 경우는 비교적 널리 그리고 오랫동안 지속되어 왔다. 곧 대지의 풍요성과 여성의 다산성(多産性)은 서로 연대한다고 믿으며, 토양과 자궁 또는 농경 노동과 생식(生殖)을 동일시하였다. 여기에 따르는 의례 행사에는 인신(人身) 또는 동물의 희생이 따른다. 다만 여기서 유의할 점은 지모신(地母神)으로서의 여성이 지배적인 역할을 하고 있으며 결코 여성만으로 행해지는 것이 아니라는 것이다.

이렇게 여성의 위치를 생각한다면 신라의 토우 가운데 여성을 강조한 모습이 적지 않음은 역시 흥미있는 일이 아닐 수 없다. 신라 의 토우는 그 자체가 아주 작은 것이기 때문에 어떤 부위를 강조함 으로써 여성임을 나타낼 수밖에 없다는 기술적인 이유만으로 특히 유방이나 둔부 또는 성기가 뚜렷한 것이라고 보기는 어렵다. 당시의 사회에서 여성이 지니는 어떤 의미를 부여하는 것으로 해석된다.

여인상 주름진 치마가
발목까지 늘어지고 웃옷
을 벗은 상체의 봉긋한
유방을 두 손으로 받치
고 있다. 이 여인상의
치마 주름은 고구려나
일본의 고분 벽화에
보이는 옷자락과 비슷
하다.

몇 개의 여성상을 살펴봄으로써 그 의미가 뚜렷해지리라 믿는다.
두 팔을 어깨에서부터 활짝 들어 팔을 올리고 앞으로 돌출한 두
개의 유방은 크게 과장되어서 아주 간략하게 나타낸 얼굴에 비하면
대조적이다. 현재 3 내지 5센티미터의 아주 작은 인물상으로 자연유
가 씌워졌는데, 하반신은 결실된 상태이다. 가슴에서 주는 볼륨에
비하면 허리나 배는 아주 날씬한 자태를 하고 있어서 두 개의 구멍
으로 표현한 얼굴의 윤곽이나 두드러지게 뾰족한 머리 꼭대기 등은

기이한 인상까지 풍기게 한다.

　다른 하나의 여인상은 옆으로 뻗은 두 팔의 손목 부분이 잘라졌지
만 비슷한 모양으로 하반신 역시 결실되었다. 그러나 다리와 다리
사이의 음부를 뚜렷하게 표현하고 있다. 얼굴에는 다섯 개의 구멍이
뚫려 있는데 가면이라도 쓴 모습같다.

　다른 하나의 여인상은 두 다리를 벌리고 무릎을 구부려 허리를
길게 펴고 왼손은 머리 위로 치켜 들고 오른손은 허리에 대고 있는
데 얼굴은 하늘을 쳐다보고 있다. 또 옆으로 길게 찢어진 두 눈과
그보다 더 큰 입은 마치 손톱 같은 것으로 꾹꾹 찍어 눌러서 표현하
고 있는데 덧붙인 두 개의 유방은 풍만하고 예쁘다. 허리와 등은

곧은 편인데 음부를 너무나 크게 나타내고 있다. 고운 태토로 빚어서 얼굴과 머리 그리고 팔에는 빚은 사람의 지문 흔적이 남아 있으며 다른 토우들에 비해 비교적 큰 편에 속하며 매우 정성들여 만든 흔적이 역력하다.

그런가 하면 남산만한 배를 힘겹게 두 손으로 부둥켜안고 있는 여인상도 있다. 얼굴은 갸름하고 오동통하나, 눈, 귀, 입의 표현이 전혀 없는 것이 특징이다. 그러나 어딘지 거만한 자세로 불룩한 배를 내려다보고 있는 형상이다. 배 아래의 윤곽이 두드러지게 음부를 나타내고 있는데, 금방이라도 고고의 소리를 지르며 아기가 태어날 것만 같다. 세계의 여러 지방에서 여자가 아기를 낳을 때는 지면에 눕거나 지면에 앉아서 낳는 것이 보통이다. 그런데 탄생의 여신 가운데 어떤 것은 대지에서 아이를 건어올리는 것처럼 무릎을 꿇고 있는 모습이 있는데 이와 대단히 흡사한 느낌을 갖게 한다.

20세가 되기 이전에 높은 사망률을 보였다는 구석기시대가 아니라 하더라도 자연과의 투쟁, 끊임없는 임신과 출산을 겪어야 하는 여인들은 대체로 남자에 비해 빠르고 높은 사망률을 나타냈을 것이다. 그러나 하나의 생명을 잉태하고 출산한다는 사실을 경이의 눈으로 또는 외경의 마음으로 보았던 까닭에 다른 남자상보다 여인상이 훨씬 크게 만들어져 있다. 여성은 곧 풍요한 대지를 상징하며 위대한 자연을 뜻하는 까닭이다.

이러한 여인상은 비단 남자와 여자를 서로 비교하여 크기를 나타냈던 것만은 아닐지 모른다. 고구려 벽화 고분에서 볼 수 있는 인물도(人物圖) 가운데 주인공과 그 시종들의 크고 작음을 분명하게 그려서 신분의 차이를 크기로 표현한 경우가 적지 않다. 따라서 그들의 눈에 비친 높은 신분의 사람들 또는 무한한 능력을 가진 자에 대한 표현 방법이 크기로써 대변한 것이라 생각된다. 그러므로 성교의 장면을 그대로 나타낸 토우에서도 여인의 모습이 크게 만들어져 있는 것으로 보인다.

이들 여인의 모습에서 주목할 점은 여인의 육체적인 부위를 강조하는 대신 머리의 장식 등이 거의 없다는 점이다. 남자상에서는 관모의 흔적이나 상투 같은 뾰족한 머리 장식을 볼 수 있는 데 비해 매우 간소하다. 춘경 추수(春耕秋收) 곧 봄갈이, 가을걷이를 대변하는 대전 지방 출토의 농경문 청동기(農耕文靑銅器)에 보이는 남녀의 모양도 남자는 뒤통수에 길게 둘로 갈라진 머리와 남근의 표현으로 그가 남자임을 밝히고 있다. 다른 한쪽은 앞에 놓인 그릇에 무엇인가를 담는 자세 곧 거두어 들이고 있는 모습의 여자인데 머리카락 부분이 훨씬 작고 입만 뚜렷하다.

인물과 동물을 선각한 목긴항아리에서도 여인상보다 남자상의 머리 꼭지에 훨씬 긴 선을 나타낸 예가 있다. 결국 길고 장식이 있는 머리는 남자상이며 간결한 머리가 여인상이다.

남자상

신석기시대의 영국에서는 여신상과 함께 남근을 동시에 섬긴 예가 있다고 앞에서도 말했는데, 대지의 여신으로서의 여성이란 남성 또는 남신(男神)과의 관련이 없는 것은 아니었다. 일본의 조오몽 시대 중기 이후에는 주거지의 한쪽에 돌을 쌓고 도조신(道祖神)처럼 돌을 세우고 있는데 그 유구나 출토 상태 등으로 미루어 이는 남근 숭배 사상으로 해석하고 있다.

이것은 일본 고대뿐만 아니라 그리스나 로마에서 제례 때에 남근의 행렬이 거행된다든지 중국의 진한대(秦漢代)에 보이는 청동제의 남근 또는 당대의 활석제 또는 녹유제 남근 등도 이러한 생산력의 숭배를 나타낸 것에서 출발했다고 보여진다.

오늘날에도 미개 민족의 어떤 사회에서는 생식 기관을 나타냄으로써 주술적인 호부(護符)로 사용하기도 하며, 오스트레일리아의 원주민은 풍요 의례에 남근을 사용하고 있음을 볼 수가 있다. 경주 안압지 출토품 가운데에도 목제 남근이 알려지고 있다.

신라의 토우 가운데에도 유달리 남근을 강조한 예가 두드러진다. 금령총 출토의 인물 주형 토기에서 배젓는 남자상은 대표적인 예에 속한다. 이 경우는 나체로써 신분을 나타낸다고도 해석이 되는데 장식용의 작은 토우들은 다분히 주술적인 의미를 가지고 있다고 보아야 하겠다. 노동동 고분군 가운데 8호분에서 출토된 토우 장식 항아리에는 한 손에 막대기를 들고, 다른 한 손으로는 커다란 남근을 쥐고 있는 모습을 정면으로 하여 목긴항아리의 목 부분에 붙여 놓고 있다. 그 곁에는 개구리를 물고 있는 뱀의 모습을 사실적인 솜씨로 잘 나타내고 있어서 성기 숭배 사상의 강렬한 의장(意匠)으로 풀이된다.

따로 떨어져 나온 토우 가운데에는 두 다리를 활짝 뻗고 앉은 남자상의 경우 다리보다 더 크게 남근을 나타낸다든지, 성기만을

남자상들 주름진 바지에 허리띠를 두른 모습, 다리를 뻗고 우는 모습, 엎드려 우는 모습, 춤추는 모습, 배를 젓는 모습 등이다.

결가부좌하고 팔짱을 낀
남자상

유난히 돌출시킨 경우가 있어서 당시의 성기 숭배로 생산력에 대한
갈구, 악령(惡靈) 추방 또는 행운의 초래를 비는 것으로 해석된다.

　그 밖에 남자상 가운데 얼굴 모습은 극도로 생략하고 있으면서
두 팔을 앞으로 쭉 뻗어 내민 모습이나 팔짱을 끼고 포갠 다리를
한 남자상도 보인다. 또한 커다란 괭이를 어깨에 둘러멘 남자상도
있다. 둘러멘 괭이는 두 손으로 잘 붙잡고 있는데 두 팔은 우람하고
매우 건장한 모습으로 아깝게 머리가 없어졌으나 괭이가 몸집보다
크게 표현되었다. 비슷한 자세로는 두 눈과 입을 크게 가로로 꾹꾹
눌러 찍어 만들었는데, 역시 어깨에 괭이를 둘러멘 자세의 남자상이
있다. 둘 다 밭으로 향하는 농부상을 나타내고 있는데 이와 비슷한
예가 일본의 하니와에도 보이고 있어서 농부 집단에 대한 좋은 표본
이 되기도 한다.

이렇게 우람한 남자상으로 무인상을 들 수가 있다. 유일한 유물
로서 왼쪽 허리에 큰 칼을 차고 있는 것이 있다. 앞부분 곧 손잡이
부분이 잘려 없어져서 전체의 모양을 살피기는 어려우나, 머리에는
투구를 쓰고 있으며 보무도 당당하게 오른쪽 발을 크게 앞으로 내디
딘 모습을 하고 있다.

왼쪽에 칼을 찬 무사상(왼쪽)
괭이를 어깨에 둘러멘 남자상(위)

금령총 출토의 기마 인물상의 말탄 무사도 역시 왼쪽 허리에 칼을 차고 있다. 머리나 얼굴 모양이 분명하지 않으면서 웃는 얼굴과 슬픈 얼굴을 잘 나타낸 경우를 볼 수가 있다. 정수리가 뾰족한 남자상은 넓적한 얼굴에 옆으로 벌어진 두 귀가 큼직한 눈으로 시원하게 파인 얼굴인데 따로 빚어 붙인 코가 익살스럽기까지 하다. 한일자(一)로 나타낸 입은 상냥하고 활짝 벌린 두 팔은 자유스러운 모습이다. 몸체는 원통형이고 맨 아래 두 발만 바깥쪽으로 벌리고 섰으며 얼굴 전체는 약간 아래를 향하여 앞으로 내밀고 있는데 얼굴 모습이 사랑스럽고 천진하다.

웃는 얼굴로 배를 젓는 듯한 인물상도 보이고 있다. 그런가 하면 슬픔을 나타낸 얼굴도 적지 않게 볼 수가 있다. 길게 앞으로 엎드려 찢어진 듯한 두 눈이나 꾹 눌러 나타낸 입만으로도 애통해하는 얼굴이 그대로 드러난다. 통곡이라도 하는 듯 두 발을 내뻗고 두 손으로는 두 다리를 치며 울고 있는 모습도 있다. 입술을 깨물고 우는 듯한 남자상도 있으며 두 손을 가슴에 대고 쥐어 뜯는 듯 비통해하는 얼굴도 있다. 두 손으로 얼굴을 가린 채 울음을 삼키는 듯한 모습도 있고, 두 손을 마주하고 무릎을 구부려 엎드려 우는 모습도 있다. 전신으로 울고 있는지 단정히 앉아서 두 손으로는 무릎을 꾹 눌러 슬픔을 참고 있는 듯한 남자상도 있다.

여기서 관심을 끄는 것은 무릎을 꿇고 두 손을 마주하여 땅을 짚고 있는 남자의 모습이다. 중국의 고분 출토품 가운데 복용(伏俑)이라 하여 몸을 땅에 깔고 얼굴만을 쳐들고 있는 모습이 있다. 앙관복청(仰觀伏聽)이라 불리우는 것의 일종으로 모두 몸을 앞으로 구부리고 두 손으로 땅을 짚고 있는데, 이는 천자(天子)의 능이나 서인의 무덤 속 중앙 정면에 반드시 놓이는 것으로 기록에 전한다. 일본의 하니와 가운데 같은 자세의 것들이 보이며 이것은 신라 토우와 함께 같은 성격의 유물로 보아도 무방하지 않을까 생각된다.

신라인의 사랑

고조선시대의 법률로는 여덟 가지 금지하는 사항이 있었는데 그 가운데 세 가지 조목이 전하고 있다. 살인자는 죽음으로 벌하고, 남을 상하게 한 자는 곡물로써 보상한다. 남의 물건을 훔친 자는 그 주인의 종이 되어야 하는데 그 대신 50만 전을 내면 속죄가 된다는 내용 등이다. 그 밖에 다른 항목은 전하지 않고 여자의 정신(貞信)에 관한 기록에서는 간음하거나 음탕한 행위를 했을 경우에 대한 조문이 전한다. 이 기록을 통해 고대인들은 성에 대해 자유스럽지 않았으리라는 것을 짐작할 수 있다. 「삼국지위서」 '동이전'에도 남녀가 음탕하거나 부인이 투기하는 경우 모두 죽음으로 벌한다고 하였다. 따라서 신라의 토우에서 볼 수 있는 성애의 장면은 많은 문제를 제기하고 있다.

토우 장식 항아리(부분) 배위의 여인과 커다란 남근을 내놓은 남자 모습을 생생하게 표현하고 있다.

머리에 동그랗게 띠를 두르고 누운 남자와 그 위에 엎드린 인물이 두드러지게 큰
엉덩이를 지닌 것으로 보아 성애중인 남녀의 모습으로 생각된다.

    농경 사회에서 대지의 풍요와 여성의 다산과는 어떤 연대성을
지닌다 할 수 있으며, 토양과 여성의 자궁을 동일시하고 있음을
알 수 있다. 따라서 농경과 생식을 동일시한다는 것이 일반적인
견해이다. 그렇다면 남녀의 성행위 장면을 묘사함으로써 생식 번영
을 촉구했다는 해석이 가능하다. 작은 토우들을 항아리 등에 부착하
면서 벽사의 뜻을 담은 이외에 직접적으로 성행위나 성기를 과장
표현하여 씨앗이나 다른 소중한 것을 보관하는 용기로 사용하였음
을 짐작케 한다.
    미추왕릉 지구에서 출토된 항아리의 토우는 배위(背位)의 여인과
커다랗게 남근을 과장한 남자의 모습을 아주 생생하게 나타내고

남녀 두 인물이 길게 뻗은 팔로 상대를 껴안고 마주보고 누워 있는 모습이다. 이 상들은 얼굴 표정도 매우 밝게 표현했다.

있다. 여인상은 두 눈과 입이 분명한데 남자상은 머리 부분과 팔다리가 많이 결실되어 있다. 대체로 남자에 비해 여인 쪽이 훨씬 크게 빚어져 역시 여자의 능력이 지닌 위대한 자연의 섭리를 표현했다고 생각케 한다.

　따로 뜯어 나온 토우 가운데 두 몸이 하나로 된 모습이 적지 않게 알려지고 있다. 이들은 남자상과 여자상을 만든 다음 마주 붙여서 서로가 팔을 돌려 껴안은 자세로 나타낸다. 두 개의 인물은 비교적 정성껏 만들었으며 때로는 가면을 쓴 듯한 얼굴도 보인다. 전체적으로는 자유스러운 인간의 모습이라기보다는 좀더 차원이 다른 어떤 세계를 그려 보이는 듯하다.

동물상

아득한 원시시대 이래 동물은 인간에게 있어서 뗄 수 없는 존재였을 것이다. 때로는 공포의 대상이 되기도 하고 식량의 대상이 되기도 했을 것이며 또 어떤 때는 생활을 함께 하는 친구가 되기도 하고 그 힘을 제공한 노동력의 원천이 되기도 하였다.

이러한 동물에 대한 갖가지 표현은 동굴이나 바위에 벽화로서 나타나기도 하고 토용, 토우로서 나타나며 또 동양에서는 십이지같이 구체성이 부여되기도 하였다. 고대의 제사에는 반드시 동물이 희생으로 바쳐지기도 하였다. 이렇게 동물에 대한 생각은 신라, 가야인에게도 뒤지지 않아서 기마 인물 토기나 오리형 토기같이 뛰어난 솜씨로 나타나고 신구형 토기같이 상상의 동물까지도 풍부한 솜씨로 만들어졌다.

용 큼직한 토기 입부분의 파편으로 꿈틀대는 동체를 가진 용이 장식되어 있다.(옆면)
개 머리를 숙이고 있으나 네 발이 튼튼하고 치켜든 꼬리가 귀여움을 자아낸다.(위)

토우 장식 토기 뚜껑 항아리 모양 꼭지가 달린 토기 뚜껑으로 불가사리가 붙어 있다.

  작은 장식용 토우에서도 많은 동물을 볼 수가 있다. 개, 말, 소,
호랑이, 사슴, 토끼, 새, 오리, 닭, 게, 개구리, 물고기, 거북, 불가사리
등등 헤아릴 수 없이 많다. 쭉 뻗은 다리, 쫑긋하게 세운 귀, 늘어진
혀 등 귀여운 개의 모습이 있는가 하면 먹이를 쫓듯 맹렬한 기세로
뛰어오르려는 사냥개의 모습도 박진감이 넘친다.
  고구려 벽화 고분 무용총(舞踊塚)에는 주실(主室) 오른쪽 벽화에
남자 주인의 앞에 목걸이를 한 개가 두 귀를 세우고 있으며, 각저총
(角抵塚)의 주실에는 커다란 나무 아래에서 씨름하는 두 젊은이를

토우 장식 고배   신라시
대. 전체 높이 20.3센티
미터. 동원 기증품. 국립
중앙박물관 소장.

게 다리가 많이 잘려
나갔으나 집게 표현이
두드러진 게의 모습이
다. 지금이라도 비적
비적 옆으로 기어갈
듯이 생생한 모습이다.

보고 있는 노인 옆에 나무둥치에 묶여 있는 개가 보인다.

안악 동수묘(安岳冬壽墓)의 동쪽 방 벽에는 부엌 앞에 두 마리의 개가 놀고 있으며 그 옆의 육고(肉庫)에는 통째의 동물이 고리에 매달려 있는데 노루, 돼지, 개 등이 보인다. 인간과 개의 관계를 잘 말해 주고 있는 장면이다.

신라의 장식 토우 가운데 가장 작은 대표적인 개는 동원 수집품에서 볼 수 있는 고배 뚜껑의 사냥꾼과 함께 있는 사냥개일 것이다. 개는 인간이 가축화한 동물 가운데 가장 오래 된 것으로 알려져 왔는데 중석기시대의 팔레스타인이나 중석기시대의 덴마크인, 신석기시대의 스위스 호상주거인 등이 개를 기르며 살았다는 흔적이 알려지고 있다.

중국에서는 은, 주시대에 벽사 의미로 관 밑에 매장한 예가 있고, 적봉홍산후(赤峰紅山後)의 홍도(紅陶) 문화 유적에서의 석관묘에는 반드시 개의 뼈가 반출되고 있었다.

한대의 토용 가운데 목에 가죽 모양의 목걸이를 하거나 배에 띠를 두르듯 옷을 입힌 개 모습이 보인다. 따라서 개는 일찍부터 인간에 길들여진 가까운 가축임을 알게 한다.

멧돼지는 날카로운 주둥이나 등줄기가 잘 표현되고 있는데 사냥에서 잡힌 듯 네 다리가 묶인 채 말잔등에 실린 모습도 보인다. 말들은 대체로 마구를 갖춘 상태로 나타나는데, 큼직한 보따리 두 개를 세 가닥의 끈으로 묶어 말잔등 양쪽에 얌전히 나누어 가로걸친 모습으로 표현된 것이 보인다. 사슴의 기다란 목, 독특한 토끼의 귀와 놀란 듯한 눈은 그 작은 모습에서도 놀라운 솜씨를 보이고 있다.

물소 길게 뻗은 두 뿔은 마치 물소를 연상시키는데 떡 벌린 네 다리가 아주 강인한 인상을 준다.

토끼 쫑긋한 두 귀가 독특한 토끼의 특성과 동그란 두 눈을 놀랍도록 사실적으로 나타냈다.

사슴 목을 길게 늘여 빼고 있는 사슴의 특성을 포착하고 있다.

멧돼지 날카로운 주둥이와 등줄기를 잘 나타냈다.(맨 위)
표범 사나운 눈, 찢어진 입, 네 발 등을 나타냈고 등에 무늬를 찍었다.(위)

물고기 둥글둥글한 비늘이 그려진 것(맨 위)과 정물화처럼 잘 생긴 물고기(위) 모습이다.

둥근 반점이 그려진 표범, 줄무늬로 표현된 호랑이, 둥글게 움츠린 거북이 있고 중국의 토용에서 보이는 관풍조와 비슷한 새, 닭도 있다.

물고기는 원시 어로 생활의 시작에서 오늘날에 이르기까지 인류의 식생활에 뺄 수 없는 자원이었다. 따라서 물고기는 고대 유물, 유적에 빠지지 않고 보인다.

공주 무녕왕릉에서 출토된 한 청동제 잔에서 녹을 제거하자 그 잔의 안쪽에서 고운 선으로 음각한 물고기 무늬가 나타났다. 두 마리 물고기가 서로 마주하고 있는 모습으로 연꽃이 핀 연못 속에 뛰노는 자세이다.

동물 장식 고배 뚜껑 물고기, 동물, 음각선 등이 장식된 고배 뚜껑 파편이다.

뱀 똬리를 틀고 머리만 치켜든
모습이다.(왼쪽)
동물 장식 고배 뚜껑 물고기,
게, 자라, 개구리를 물고 있는
뱀 등이 장식된 고배 뚜껑이다.
(옆면)

거북 장식 고배 뚜껑 소복한 등어
리가 여유있어 보이는 유물이
다.

　뱀은 한껏 길게 늘인 몸뚱이와 반드시 입에는 개구리의 뒷발을
물고 있는 자세로 표현된다. 어떤 것은 개구리의 몸뚱이를 거의
다 입 속에 삼켜 겨우 반신과 두 개의 발만이 나타난 것도 있다.
뱀의 몸집은 꿈틀대듯 비튼 모습이고, 눈이 네 개씩 표현된 것도
있다. 뒷발을 내밀고 꼬리를 쳐서 금방 물속에 뛰어들 듯한 자라는
등에 동그랗게 무늬를 넣었고, 그 밖에도 납작한 몸집에 목만 길게
뽑은 자라도 보인다. 둥근 게딱지가 소담하고 집게발까지 표현한
게도 있고, 얼기설기 뻗은 발들이 지금이라도 비적비적 옆으로 기어
갈 듯이 만든 게는 친근미가 넘치며 납죽 엎드린 가재도 보인다.

인두어신 도용 관을 쓴 사람 머리에 몸뚱이는 물고기이다. 인간 세계를 벗어나지 않기를 바라는 기원이 담긴 것으로 해석된다. 중국 이승릉(李昇陵) 출토. 오대. 길이 35센티미터.

신라의 금제 요패(腰佩) 가운데도 금판 또는 은판으로 물고기 모양을 다듬어 늘어뜨리고 있는데 비늘과 머리 지느러미 등을 선각하거나 투각하고 있다. 또한 신라의 토우 가운데 많은 종류의 물고기가 나타나고 있는데 마치 한 폭의 정물화를 보는 듯 잘 다듬어진 물고기도 보이고 둥글둥글 비늘까지 나타낸 살찐 물고기도 있다. 큼직한 대구나 살찐 북어를 상기시키는가 하면 둥굴둥글하게 비늘을 나타낸 물고기는 물을 먹는 붕어를 보는 듯하다. 지느러미는 따로 빚어서 붙이고 눈은 푹 파서 나타냈는가 하면 납작한 몸집에 입을 벌린 물고기는 고배의 뚜껑에 붙였던 모양으로 지느러미가 움직이는 것만 같다.

목이 긴 물새

　울산 암각화 가운데 보이는 물고기, 중국 당송(唐宋)시대 사람 머리에 물고기 몸뚱이를 가진 인두어신(人頭魚身)의 의어(儀魚)나 예어(倪魚)와 같이 신라 토우의 물고기도 그 모습뿐만 아니라 성격을 규명하는 데 주목할 만한 유물이라 하겠다. 당, 송의 의어나 예어는 사람 머리에 몸뚱이는 물고기 모양을 한 인두어신(人頭魚身)의 형상으로 세 발을 가진 경우도 있고 심지어는 머리에 모자를 쓰고 목에는 비늘이, 등에는 지느러미와 등뼈가 나온 것도 보인다. 이들은 무덤 속 좌우벽의 감실(龕室) 속에 놓이는데, 이러한 모양은 중국의 고전인 「산해경(山海經)」에 자주 보이는 것으로 신수(神獸)조차도 인간 세계를 벗어나지 않기를 바라는 인간의 기원이 이러한 인간적인 자세를 그려내는 것이라 해석하고 있다.

선각(線刻)한 토우들

상형 토기나 토용 또는 장식 토우와는 달리 토기의 어깨 등 장식 토우가 붙음직한 위치에 선각으로 인물이나 동물을 나타낸 토기들의 예가 알려지고 있다. 이들 역시 장식 토우가 붙은 항아리나 고배의 성격과 크게 다르지 않을 것으로 보인다. 여기서 보이는 소재는 역시 인물에서 남자와 여자가 있고 동물은 말, 사슴, 거북, 물고기 그 밖에 상징적인 무늬 등이 보인다. 이 무늬들은 대체로 토우가 장식된 항아리, 목긴항아리, 고배의 뚜껑 등과 같은 용기에 새겨지며, 음각한 위치 역시 토우가 장식된 부위와 비슷하다.

대표적인 것으로서 두 사람의 여인과 두 사람의 남자 그리고 거북과 새의 모양을 음각한 긴 항아리가 있다. 두 여인 가운데 하나는 격자 무늬(格子文) 치마에 웃옷은 무늬가 없으며, 나머지 다른 한 여인은 아래에 주름치마를 입고 웃옷에는 줄무늬가 있다. 두 여인 사이에는 거북이 그려져 있다. 이들 두 여인은 무릎 정도의 기장을 가진 치마를 입고 있으며 두 팔은 벌리고 서 있다. 이들 반대쪽에는 두 사람의 남자가 있는데 한 사람은 격자 무늬가 있는 바지를 입고 있으며, 다른 한 남자의 바지에는 무늬가 없다. 이들은 발목에서

말이 그려진 목긴항아리 항아리 목과 몸체 사이의 어깨 부위에 등줄기가 유연한 말이 뛰는 모습을 선각하였다. 전 경북 울주 삼광리 출토. 신라시대. 높이 41.2센티미터. 국립경주박물관 소장.

고배 뚜껑 경주 미추왕릉 지구 출토. 신라시대. 높이 8.1센티미터, 입지름 15센티미터. 국립경주박물관 소장.

좁혀진 바지를 입었고 웃옷은 마치 앞자락을 여민 듯 배를 향하여 어깨에서 아래로 선이 그어져 있으며 두 남자 사이에는 긴 다리를 가진 새가 그려져 있다.

이 인물들은 모두 같은 방향으로 고개를 돌리고 있으며, 발도 같은 쪽을 향해 걸어 가는 듯한 자세를 하고 있다. 남자는 머리 꼭지에서 길게 위로 뻗어 올라가 장식한 것처럼 처리하고 여자는 비교적 짧은 뒤통수에서 아래쪽으로 선각하고 있으며, 거북과 새는 역시 능숙하고 사실적인 솜씨로 그려져 있다. 또 인물들은 항아리 목에서부터 어깨에 걸쳐 그려져 있다. 이 항아리는 현재 그 소재가 분명하지 않고 크기나 다른 정보가 확실하지 못하여 아쉬운 유물이다.

그 밖에 말과 사슴의 무리를 2단으로 그린 목긴항아리와 어깨에 말이 빙 둘러 그려진 예가 있는데 목부분에서 사선(斜線)으로 격자 무늬를 가진 것말고는 몸 전체에 무늬가 없고 어깨에서 몸체의 가장 굵은 부분에 걸쳐 말과 사슴이 2단으로 새겨져 있다. 말은 등줄기의 갈기가 곤두서 맹렬한 기세로 달리는 모습을 잘 나타내고 있다. 사슴은 길게 뻗은 두 뿔의 모양이 뚜렷하다. 투창은 사각형으로서 엇갈리게 2단으로 파인 것이 특징이다.

말이 그려진 뚜껑으로 덮인 것도 있다. 목에 2단으로 종선 무늬를 아래위가 어긋나도록 배치하고, 몸체의 가장 넓은 부분에 한 단의 종선 무늬가 있다. 목과 몸체 사이의 어깨 부위에 등줄기가 유연한 뛰는 말을 새기고 있다. 받침은 1단으로 길게 투창을 내고 있다.

이들 일련의 동물 무늬도 역시 같은 방향으로 뛰는 모습이어서 이것은 어떤 의미를 지닌 것이 아닌가 생각케 한다. 이렇게 세련된 솜씨로 그려진 목긴항아리들은 대체로 경주 지방에서 출토된 것이 다. 그러나 그 정확한 지점, 상태가 알려져 있지 않다. 그런데 근래 새로운 출토품이 증가됨으로써 실마리를 제시하고 있다. 곧 경주 미추왕릉 지구 계림로 16지구 제2호분에서 출토된 목긴항아리가 있다. 목에는 중간 중간에 띠모양을 내고 그 아래쪽에 삼각형 무늬를 2단으로 그리고 어깨 부위에 잔잔한 물고기를 그려 돌리고 있다. 몸집은 마치 거북등처럼 넓적하나 지금까지 보아 온 다른 거북에 비해 오히려 납작한 물고기 같은 모습을 하고 있으며 받침에는 2 단으로 사각형의 투창이 있고, 전체적으로 검은 빛깔을 띠고 있다.

같은 계림로 지구 47호분에서 나온 인물과 동물 무늬의 고배 뚜껑은 훨씬 고졸(古拙)한 느낌을 갖게 한다. 토우를 붙이는 대신 사람, 거북, 새, 물고기를 굵직한 솜씨로 음각하였는데 두 팔을 벌린 사람이나 거북, 물고기 등은 모두 몸체에 선각으로 무늬를 넣고

목긴항아리 항아리 목과 몸체 어깨 부분에 마치 사람 인자(人)를 두 줄로 엇갈려 쓴
듯한 선각을 하였다. 삼국시대. 높이 35.6센티미터. 이양선 수집품. 국립경주박물관
소장.(위, 옆면)

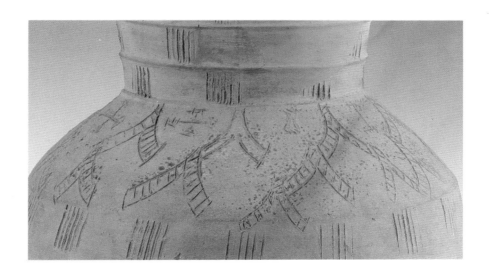

마치 용을 상상케 하는 무늬도 보인다. 특히 이 고배의 뚜껑에서
보이는 솜씨는 울주 암각화에서 볼 수 있는 동물 무늬와 대단히
흡사하다. 울주 암각화는 짐승, 고래, 거북 등의 선각말고도 고래잡
이 배나 사냥의 모습, 생선잡이 모습이 그려져 있다. 정확한 연대를
꼬집어 말하기 어려우나 인물, 물고기, 거북 등의 그림 솜씨가 신라
토기의 선각한 고배 뚜껑의 그림과 비슷하여 매우 흥미를 끈다.
이 암각화나 토기에 보이는 소재가 모두 당시 사람들의 생식과 번영
을 추구하는 대상으로서의 성격이 강하여 일종의 의식에 쓰였음을
짐작케 한다. 이러한 선각에서는 조형(造形)으로 발전, 변화한 것이
토우들로서 대표된다고 할 수 있다.

　그 밖에 이양선 수집품 가운데 목긴항아리의 어깨에 선각한 예가
보이고 있으나 이 경우는 보다 사실적인 형식으로 나타난다. 결국
이렇게 선각으로 인물이나 동물 무늬를 나타낸 것들은 토우를 빚어
서 붙인 것들보다는 약간은 앞서는 경우가 있었다고 해석된다.

신라 토우의 조형과 생활상

    신라 토우 가운데 당시의 풍습을 짐작할 수 있는 것이 있다. 집모양 토기의 외형은 고상 건물의 모습을 짐작케 한다. 앞쪽에 자그마한 사다리가 놓인 형식, 지붕의 골을 처리한 점 등은 당시의 가옥 구조를 복원해 보는 데 기여할 것이다. 갖가지의 배모양, 심지어는 신발 모양까지를 짐작케 하는 좋은 본보기가 있으며, 기마 인물상의 경우 복식이나 마구 착장 모습을 짐작하는 데 큰 구실을 하고 있다. 상형 토기에서 볼 수 있는 배모양 토기는 그 당시의 배모양을 알 수 있게 하며 신발 모양, 집모양 등에서 우리는 많은 것을 짐작할 수가 있다.

    장식용 작은 토우 가운데 우리는 그 작은 모습에서도 생활상을 짐작케 하는 것이 적지 않다. 신라의 고분 유물 가운데 금관으로 대표되는 장신구를 들 수 있는데 그 가운데 관모에 대하여는 토우에서 많은 것을 알 수가 있다. 기록에 의하면 "고구려에서는 책(幘)과 관(冠)을 쓴 것으로 보이는데 대가(大加), 주부(主簿)는 모두 책을 쓰고 소가(小加)는 절풍(折風)을 쓴다"고 하였으며 「수서(隋書)」 '고구려전'에는 "왕만이 관을 쓴다"고 하였다. "백제에서도

여인상 뒷모습 경주 용강동 석실
고분 출토. 통일신라시대. 높이
11.7~12.8센티미터. 국립경주박
물관 소장.(위)
머리를 뒤로 튼 신라시대 여인의
뒷모습이다. 오른쪽 높이 18센티
미터.(왼쪽)

멧돼지를 말에 싣는 사람 사냥에서 돌아오려는 모습인 듯, 네 발이 묶인 멧돼지를 말
등에 싣고 있는 동작의 상이다.

왕과 왕비는 검은 비단의 관(烏羅冠)을 쓰고 거기에 금제의 꽃장식을 단다"고 하였다.

이러한 기록은 공주 무녕왕릉 출토의 금제 관식이 잘 대변해 주고 있다. 이렇게 볼 때 고구려는 고분 벽화에서 관모, 관식의 모습을 추측할 수 있게 한다. 신라의 고분에서도 금제의 관모, 관식 이외에 자작나무 껍질로 만든 것까지 알려지고 있는데 토우 가운데 확실한 예를 알아볼 수가 있다.

금령총 출토의 기마 인물상에서는 금제 보관을 단순화한 것 같은 형태로 가장자리에 전이 있는 관을 쓰고 전의 앞뒤가 뾰족하다. 이 관은 끈으로 턱에 묶여 있는데 깊숙히 눌러 썼다기보다 머리에 얹혀 있는 듯한 느낌이 든다. 또 다른 인물은 머리에 띠를 두른 모습도 보인다. 주형 토기의 나체 인물은 머리에 장식이 없다. 결국 관모는 신분의 차이를 말해 주는 것으로 해석할 수가 있다. 작은 장식 토우들도 생략됐지만 의복의 흔적을 알 수 있는 경우나 말을 타거나 특이한 동작을 하는 경우에는 관모의 흔적이 있는데 나체의 인물이나 노동의 인물은 머리에 별다른 장식 흔적이 없다. 이들 작은 토우들은 원추모(圓錐帽)를 쓰거나 고깔모(弁帽)의 두 가지로 구분이 가능하다. 이 밖에 그대로 머리카락을 틀어올린 것 같은 모양도 있고 두건 같은 형태도 보인다.

얼굴 모습은 너무 생략되어 알아볼 수 없으나 두 팔은 앞으로 내밀고 등에는 지게를 지고 큰 항아리를 지게에 실어 동그란 띠로 고정시키고 있다. 지게 두 다리와 다리 사이의 가로 막대기까지 잘 나타나 있으며 항아리의 입은 벌어진 형식이다. 끈으로 장군을 묶어 등에 짊어진 남자도 보이고, 장군을 길게 앞뒤로 하여 머리에 이고 한 손으로는 머리에 얹힌 것을 받들고 있는 여자상도 보인다. 또 둥그런 항아리를 두 손으로 들어 앞으로 올리려는 자세의 여인상은 두 다리를 벌린 품이 힘들여 머리에 이려는 동작같이 보인다.

지게진 인물 얼굴 세부는 생략되었으나
등에는 지게를 지고 큰 항아리를 실어
동그란 띠로 고정시키고 있다.

괭이를 멘 남자상이나 배를 젓는 남자상 등은 생활의 단면을 잘
대변한다 하겠다. 머리와 꼬리가 결실되었으나 큼직한 보따리 두
개를 세 가닥의 끈으로 묶어 말잔등 양쪽에 얌전히 나누어 가로걸친
모습은 먼 길을 떠나는 나그네의 동행길을 연상시킨다. 두 발이
묶인 멧돼지를 말잔등에 실은 모습은 사냥꾼의 귀가길을 말해 주는
듯하다.

　그 밖에 주악, 가무, 잡기의 모습은 당시 신라인의 감성과 생활을
엿볼 수 있을 것이다. 고구려 고분 벽화에서는 춤추고 노래하는
모습 그리고 거문고, 피리, 비파 등을 연주하는 주악상도 보인다.

장식 토우 토기 뚜껑 두 다리와 과장된 성기 위에 가야금을 얹어 연주하는 자세를
나타낸 인물이 뚜껑에 붙어 있는 모습이 선명하다.

신라에서도 감은사(感恩寺) 사리장엄구(舍利莊嚴具)의 주악상은
제금(銅鈸), 장고(杖鼓), 피리(橫笛), 비파(琵琶, 撥)를 연주하고
있으며, 일본의 정창원에는 신라금(新羅琴)이 지금도 전하고 있다.
실제로 신라 토기 가운데 훈(塤)이라는 방울이 든 토기가 보인다.
신라의 토용 가운데 두 발을 벌리고 몸을 약간 앞으로 구부린 자세
로 비파 같은 악기를 연주하는 인물상이 있고, 가야금을 가진 인물
도 보인다. 장식용의 작은 토우 가운데 거문고를 타는 여인이 보이
고 있는 이외에도 가야금을 안고 앉은 인물상이 많이 보인다. 그
밖에 슬픈 모습으로 노래하는 모습도 보인다.

둥근 그릇을 들어 올리는 인물상

특기할 것은 잡기상의 토우들이다. 물구나무를 서거나 기이하게 몸을 구부린 상이 있고 두 손을 목뒤로 돌려 마주잡고 몸을 힘껏 구부린 자세도 보인다. 오른발을 번쩍 치켜 들어 오른손에 대고 왼손은 아래로 내려 왼쪽 다리에 대기도 하고, 두 다리를 앞으로 뻗어 두 손을 어깨 위로 돌려 땅을 짚으면서 전신을 길게 솟구친 동작도 보인다. 학(鶴) 모양의 가면을 쓰고 두 손을 치켜 들고 두 다리는 벌리고 서 있는 인물상의 머리에는 뒤통수에서 앞으로 날카로운 부리를 나타내고 있다. 이렇게 신라의 토우에서 우리는 당시의 기록만으로 풀 수 없는 생활상, 감정의 흐름까지 짐작할 수 있다.

임신부(왼쪽)
고깔모자의 남자(아래)

두 손을 목뒤로 올려 마주잡고 몸은
힘껏 구부린 남자(오른쪽, 아래)
고깔모자에 두 팔을 활짝 벌려 몸을 날리
는 남자 잡기상(옆면)

　한편 상형 토기나 토용에서 우리는 신라의 조형 감각을 넉넉히
알아볼 수가 있다. 기마 인물상이 주는 완벽한 조형미는 당시의
솜씨를 엿보게 하는 것이다. 오리형 토기에서 볼 수 있는 여러 오리
들은 애교있는 오리의 개성과 애정이 너무나 실감있게 표현되어
신라인의 조형 감각을 읽을 수가 있다. 용강동 토용에서 보이는
잘생긴 남자상이나 단정한 여인상 그리고 황성동의 여인상은 살짝
비튼 몸매와 입을 가린 손 등에서 여인의 교태를 그대로 보여 주고
있다.

학 모양 가면을 쓴 인물 학 모양의 기다란 부리가 있는 가면을 쓰고 두 팔을 번쩍 치켜든 인물상이다.

장식용 토우는 과감하다 할 정도로 생략 기법을 쓰고 있는데도 결코 기량이 뒤지지 않음을 쉽게 알 수가 있다. 큰 것이 겨우 10센티미터 정도인데도 표현된 어느 부분이나 동작으로써 충분히 작자의 의도한 바가 표출되고 있다. 여인상의 경우 얼굴만으로는 구분할수가 없을 정도로 간결한 수법을 쓰면서 그가 여인임을 곧 알 수있게 하였다. 슬픔이나 기쁨의 감정을 나타낸 토우는 크게는 동작으로 읽을 수도 있으나 대부분의 경우 눈의 표현만으로도 판별할 수가있어, 눈이나 입을 둥글게 푹 파면 활짝 웃는 얼굴이 된다. 이목구비(耳目口鼻)가 모두 생략되었으면서도 몸을 쪼그려 엎드린 모습이나두 다리를 내뻗은 자세에서 통곡하는 모습이 드러난다. 두 손을가슴에 대고 있는 자세만으로도 충분히 슬픈 분위기가 느껴지며,

등에 짐을 지고 물동이를 이었거나 어깨에 포대를 둘러멘 신라인 모습들

손톱으로 꾹 찍은 듯한 두 눈만으로도 그가 지닌 감정을 읽을 수가 있다. 밋밋한 얼굴에서 당당해 보이기도 하고 위엄을 느끼게도 하는 여유를 보여 주고 있다. 집에서 길들여져 사랑받고 있음을 나타내는 듯 주인에게 꼬리치며 뛰어오를 듯한 개, 날카로운 이빨을 드러낸 멧돼지, 금방 헤엄쳐 달아날 것 같은 물고기의 지느러미, 지금이라도 비적비적 옆으로 기어갈 것 같은 게발, 꿈틀대는 기다란 뱀 등 한결 같이 제작자의 감성과 솜씨를 느끼게 한다.

이러한 토우나 토용들이 고려시대에 이르러 그 모습을 볼 수 없는 것은 고려시대의 불교적인 사회와 관련이 있는 듯하며 조선시대에 이르러 약간의 명기로서 흔적을 볼 수 있는 점 등은 각기 그시대의 사회나 종교적인 성격이 작용한다고 해석된다.

참고 문헌

'大漢原陵秘葬經', 永樂大典 卷之八千一百九十九.

「南唐二陵發掘報告」, 文物出版社, 1957.

佐藤雅彦 「中國の土偶」, 陶磁大系 34, 東京, 平凡社, 1974.

小林行雄 「埴輪」, 陶磁大系 3, 東京, 平凡社, 1974.

芹澤長介 「繩文」, 陶磁大系 1, 東京, 平凡社, 1975.

小學館編 「世界陶磁全集 2, 日本古代」, 東京, 1979.

弓場紀知, 秋山進午 '中國古代の土偶', 「世界陶磁全集 10, 中國古代」, 東京, 小學館, 1982.

江坂輝彌 「日本の土偶」, 東京, 六興出版, 1990.

增田精一 「埴輪の古代史」, 東京, 1976.

野口義磨 '先史土偶', 「世界陶磁全集 Ⅰ」, 東京, 河出書房, 1958.

───── '信仰', 「日本の考古學 Ⅱ 繩文時代」, 東京, 河出書房, 1964.

堀一郎譯 「大地農耕女性」, 東京, 1975.

有光敎一 '半島に埋められた文化交流の謎を堀る', 「沈黙の世界史」10, 東京, 新潮社, 1970.

金元龍 '三國時代動物形土器試考' 「美術資料」 제6호, 서울, 國立中央博物館, 1962.

馮先銘 '河南鞏縣窯址調査紀要', 「文物」, 1959-3.

國立慶州博物館 「新羅의 土偶」, 1989.

東京國立博物館 外 「中國陶俑の美」, 1984.

───── 「黃河文明展」, 1986.

朝日新聞社 「大黃河文明の流れ」, 1986.

大阪市立美術館 「中華人民共和國 南京博物院展」, 1981.

빛깔있는 책들 102-29

토우

글	—이난영
사진	—이난영
발행인	—장세우
발행처	—주식회사 대원사
주간	—박찬중
편집	—김한주, 신현희, 조은정, 황인원
미술	—윤용주, 윤봉희
전산사식	—김정숙, 육양희, 이규헌

첫판 1쇄 —1991년 12월 30일 발행
첫판 7쇄 —2006년 3월 30일 발행

주식회사 대원사
우편번호/140-901
서울 용산구 후암동 358-17
전화번호/(02) 757-6717~9
팩시밀리/(02) 775-8043
등록번호/제 3-191호
http://www.daewonsa.co.kr

잘못된 책은 책방에서 바꿔 드립니다.

(빛) 값 13,000원

Daewonsa Publishing Co., Ltd.
Printed in Korea(1991)

ISBN 89-369-0116-8 00380